Praxis-Grammatik
FRANZÖSISCH

von
Michael Deneux

PONS GmbH
Stuttgart

PONS

Praxis-Grammatik
FRANZÖSISCH

von
Michael Deneux

Basiert auf ISBN 3-12-560885-6

Systemvoraussetzungen CD-ROM:
Windows 2000 (SP3) / XP (32 Bit) / Vista (32 Bit)
Pentium III 600MHz, 128MB RAM
400 MB freier Festplattenspeicher
CD-ROM Laufwerk
Grafikkarte (empfohlen: True Color)
Bildschirmauflösung ab 1024x768px
Soundkarte (16bit)
Lautsprecher und Mikro oder Headset
Internet Browser (ab Internet Explorer 5.5 oder vergleichbar)

Auflage A1 5 4 3 2 / 2012 2011 2010

© PONS GmbH, Rotebühlstraße 77, 70178 Stuttgart, 2009
PONS Produktinfos und Shop: www.pons.de
PONS Sprachenportal: www.pons.eu
E-Mail: info@pons.de
Alle Rechte vorbehalten.

Redaktion: Annika Tschöbe
Logoentwurf: Erwin Poell, Heidelberg
Logoüberarbeitung: Sabine Redlin, Ludwigsburg
Einbandgestaltung: Schmidt & Dupont, Stuttgart
Titelfoto: Vlado Golub, Stuttgart
Layout: BÜRO CAÏRO, Stuttgart
Layoutüberarbeitung: one pm, Petra Michel, Stuttgart
Satz: BÜRO CAÏRO; Satzkasten, Stuttgart
Druck und Bindung: L.E.G.O. S.p.A., in Lavis (TN)

Printed in Italy.
ISBN: 978-3-12-561536-6

So benutzen Sie dieses Buch

Sie möchten Ihre französischen Grammatikkenntnisse verbessern oder bereits Gelerntes wiederholen, trainieren und vertiefen – oder auch nur schnell etwas nachschlagen. Die Praxis-Grammatik Französisch hilft Ihnen dabei: mit **einfachen Erklärungen**, einem übersichtlichen Aufbau und vielen Übungen.

Mit dieser ausführlichen Grammatik können Sie sich die Grammatikkenntnisse bis Niveau B2 des Europäischen Referenzrahmens aneignen, d. h. **alle wesentlichen Themen** der französischen Grammatik kommen hier zur Sprache.

Der Aufbau eines Kapitels

In Mini-Dialogen wird Ihnen zunächst das grammatische Phänomen in einem alltäglichen Zusammenhang vorgestellt.

Klare, leicht verständliche Regeln, **übersichtliche Tabellen** und ausführliche Gebrauchskästen vermitteln Ihnen schnell sichere Kenntnisse. Viele **praktische**, **realitätsnahe Beispiele** zeigen Ihnen, wie das grammatische Phänomen richtig angewendet wird.

In den zahlreichen anschließenden **Übungen** können Sie das Erlernte selbst anwenden. Dabei ist der Schwierigkeitsgrad einer Übung jeweils durch Sternchen gekennzeichnet:
* = einfache Übung; ** = mittelschwere Übung; *** = schwierige Übung.
So können Sie selbst auf einfache Weise Ihren Lernfortschritt überprüfen.

In den Randspalten finden Sie nützliche **Tipps** und Informationen zum richtigen Sprachgebrauch:
▸ einführende Erklärungen zum grammatischen Phänomen
▸ Lerntipps und ergänzende Hinweise
▸ wichtige Ausnahmen und Stolpersteine
▸ Verweise zu anderen Grammatik-Kapiteln
▸ Wortschatz- und Übersetzungshilfen

Alle in diesem Buch benutzten **Grammatikbegriffe** finden Sie in der Übersicht auf den Seiten 229 und 230 zusammengestellt.

Der **Index** am Ende des Buches bringt Sie schnell zu den richtigen Stellen in der Grammatik. Wichtige Themen sind zur schnelleren Orientierung rot hervorgehoben.

Und nun viel Erfolg beim Nachschlagen, Lernen und Üben!

Inhaltsverzeichnis

Wortbildung

Wörter bestehen vielfach aus Wortstämmen und Affixen (vorangestellten und angehängten Wortbausteinen). Letztere unterteilen sich in Präfixe (Vorsilben) und Suffixe (Nachsilben).

Suffixe

Mit Suffixen können Substantive, Adjektive und Verben gebildet werden. Sie werden jeweils an einen Verbstamm, an ein Adjektiv oder an ein Substantiv angeschlossen.

1. Suffixe zur Bildung von Substantiven (nominale Ableitung)

Verbstamm + Suffix		
-ade	baigner	la baignade
	rigoler	la rigolade
-aison, -ison	cueillir	la cueillaison
	trahir	la trahison
-ance	allier	une alliance
	gérer	la gérance
-ateur, -atrice	ventiler	le ventilateur
	calculer	la calculatrice
-ement	loger	le logement
	agrandir	un agrandissement
-et, -ette	jouer	le jouet
	sonner	la sonnette
-eur, -euse	se balader	le baladeur
	coiffer	la coiffeuse
-oir, -oire	arroser	un arrosoir
	baigner	la baignoire
-tion	attribuer	une attribution
	finir	la finition
-ure	brûler	la brûlure
	piquer	la piqûre

Verbstamm = Verb ohne Infinitivendung -er / -ir / -re

la rigolade – *Scherz*

la calculatrice – *Taschenrechner*

le baladeur – *Walkman*

Adjektiv + Suffix

-esse	fin, e riche	la finesse la richesse
-ie	économe normand, e	une économie la Normandie
-ise	bête franc, franche	la bêtise la franchise
-té	beau, bel, belle fier, fière	la beauté la fierté

la bêtise – *Dummheit*
la franchise – *Freimut*

Substantiv oder Zahlwort + Suffix

-aine	dix cent	une dizaine une centaine
-aire	la fonction une action	le fonctionnaire un actionnaire
-eau, elle	un drap une rue	un drapeau une ruelle
-et, -ette	un livre une maison	un livret une maisonnette
-ie	un boulanger le boucher	la boulangerie la boucherie
-ien, -ienne	l'Italie Paris	un Italien une Parisienne
-ier, -ière	la pomme la soupe	le pommier la soupière
-iste	la dent le journal	le dentiste le journaliste
-on	une croûte une veste	un croûton un veston

une dizaine – *ungefähr zehn*
une centaine – *ungefähr hundert*

le pommier – *Apfelbaum*

2. Suffixe zur Bildung von Adjektiven (adjektivische Ableitung)

Verbstamm + Suffix

-able	habiter	habitable
	blâmer	blâmable
-eur, -euse	chercher	chercheur, -euse
	boiter	boiteux, -euse
-ible	lire	lisible
	corriger	corrigible

boiteux – *hinkend*

lisible – *lesbar*

Substantiv + Suffix

-ien, -ienne	la Norvège	norvégien, -ienne
	l'Autriche	autrichien, -ienne
-in, -ine	l'enfant	enfantin, -e
	les Alpes	alpin, -e
-ais, -aise	le Franc	français, -e
	Lyon	lyonnais, -e
-ois, -oise	la Chine	chinois, -e
	le Luxembourg	luxembourgeois, -e
-ain, -aine	l'Amérique	américain, -e
	l'Afrique	africain, -e
-al, -ale	l'origine	original, -e
	la commune	communal, -e
-el, -elle	la fonction	fonctionnel, -elle
	la forme	formel, -elle
-if, -ive	l'instinct	instinctif, -ive
	le combat	combatif, -ive
-u, -ue	la bosse	bossu, -e
	le poil	poilu, -e

combatif – *kämpferisch*

bossu – *buckelig*

3. Suffixe, die zur Bildung von Verben angehängt werden (verbale Ableitung)

Substantiv + Suffix		
-er, -ter	le numéro	numéroter
	la loge	loger
-iser	l'alcool	s'alcooliser
	le monopol	monopoliser

Adjektiv + Suffix		
-er	bavard, -e	bavarder
	gris, -e	se griser
-ifier	fort, -e	fortifier
	simple	simplifier
-ir	maigre	maigrir
	rouge	rougir
-iser	americain, -e	americaniser
	légal, -e	légaliser

Entlehnungen aus dem Griechischen und Lateinischen

Viele französische Affixe sind Entlehnungen aus dem Lateinischen und Griechischen.

1. Lateinische Präfixe

Kennt man die Prä- oder Suffixe, so lässt sich häufig die Bedeutung der jeweiligen Vokabel erschließen!

allonger – *verlängern*

Präfix	dt. Bedeutung	Beispiel
a-, ad-	Richtung	allonger, adjoindre
ante-	vor	antéposer, antécédent
dé-, dés-	Gegenteil	décharger, désavouer
dis-	entgegen, Miss-	une dissonance, la disgrâce
é-, ex-	heraus	émigration, extraire

Entlehnungen aus dem Griechischen und Lateinischen

en-, em-	in, ein-	enterrer, emprisonner
in-, im-, il-, ir	un-, an-	un illettré, inconscient
inter-	zwischen	l'intermédiaire, interdire
mal-	un-	malhonnête, un malaise
mi-	halb	à mi-temps, à mi-chemin
omni-	all-, alles	omniprésent, -e
plus-	mehr	plusieurs, le plus-que-parfait
pré-	vor, davor	un prénom, un prétexte
re-, ré-	wieder	reprendre, réagir
sou-, sous-	unter	souligner, le sous-sol
sur-	über	le surlendemain, le survol

un illettré – *Analphabet*

le surlendemain –
der übernächste Tag

2. Griechische Präfixe

un dactylogramme –
Fingerabdruck

Präfix	dt. Bedeutung	Beispiel
a-, an-	Gegenteil	anormal, -ale, amoral, -ale
aéro-	Luft	un aéroport, un aérodrome
dactylo-	Finger	un dactylogramme
hélio-	Sonne	une héliothérapie
hippo-	Pferd	un hippodrome
laryngo-	Kehlkopf	une laryngite
odont-	Zahn	une odontalgie
oto-	Ohren	un oto-rhino-laryngologiste
rhino-	Nase	une rhinoscopie

une odontalgie –
Zahnschmerzen

3. Lateinische Suffixe

Suffix	dt. Bedeutung	Beispiel
-cide	Vernichter, Mörder	un homicide, un insecticide
-cole	züchten, anbauen	viticole, horticole
-culteur	Züchter	un apiculteur, un agriculteur
-fère	tragen	pétrolifère, conifère
-vore	Fresser	carnivore

un homicide – *Mörder*

carnivore –
fleischfressend

4. Griechische Suffixe

une gastralgie – *Magen-schmerzen*

un toxicomane – *Drogenabhängiger*

la kinésithérapie – *Heilgymnastik*

Suffix	dt. Bedeutung	Beispiel
-algie	Schmerzen	une gastralgie
-cratie	Macht, Herrschaft	la démocratie
-graphe	Schreiber, Macher	un photographe, un télégraphe
-logie	Wissenschaft	la biologie, la psychologie,
-phie		la philosophie
-mane	Abhängiger	un toxicomane
-phile	Liebhaber	un francophile
-phobe	Feind	un xénophobe
-thérapie	Heilung	la kinésithérapie

Das Substantiv

1. la table

2. la chaise

3. l'assiette

4. le fromage

5. la souris

7. le vase

9. le chat

6. la fenêtre

8. les fleurs

1. der Tisch – 2. der Stuhl – 3. der Teller – 4. der Käse – 5. die Maus –
6. das Fenster – 7. die Vase – 8. die Blumen – 9. die Katze

Geschlecht

Voilà la voisine. Elle est médecin dans un hôpital.

Da ist die Nachbarin. Sie ist Ärztin in einem Krankenhaus.

Im Französischen gibt es nur zwei Geschlechter: maskulin (männlich) und feminin (weiblich). Substantive im Neutrum, wie im Deutschen, gibt es nicht.

Substantive haben im Französischen oft ein anderes Geschlecht als im Deutschen. Dies gilt besonders für Substantive, die eine Sache bezeichnen.

Sie sollten daher stets den Artikel mitlernen.

Grundregeln

Zahlreiche Substantive haben sowohl eine maskuline als auch eine feminine Form für Personen- und Tierbezeichnungen.

Personenbezeichnungen

un Français – une Française   un Allemand – une Allemande
un Italien – une Italienne

un ouvrier – une ouvrière   un directeur – une directrice
un instituteur – une institutrice   un vendeur – une vendeuse
un voisin – une voisine

Tierbezeichnungen

un chat – une chatte   un chien – une chienne
un lion – une lionne

Bei einigen Personen- und Tierbezeichnungen gibt es völlig verschiedene Wörter für die maskuline und feminine Bezeichnung.

un parrain – Patenonkel
une marraine –
Patentante

un homme – une femme   un frère – une sœur
un parrain – une marraine   un garçon – une fille
un neveu – une nièce   un oncle – une tante
un coq – une poule

Einige Substantive haben zwei Geschlechter, die sich nur durch den Artikel unterscheiden.

un élève – une élève   un touriste – une touriste
un secrétaire – une secrétaire   un collègue – une collègue
un Belge – une Belge   un journaliste – une journaliste
un propriétaire – une propriétaire

Bei einigen Substantiven existiert nur die maskuline Form für beide Geschlechter.

! Im Französischen ist auch eine Ärztin « un médecin ».

un écrivain   un médecin
un auteur   un pompier

Endungen

Bei etlichen Substantiven weist die Endung bereits auf das Geschlecht hin.

Maskuline Substantive

Immer maskulin sind Substantive mit den Endungen **-isme**, **-oir**, **-teur**, **-ail**, **-al**, **-ier**, **-et**, **-ège**.

le tourisme, le terrorisme   un devoir, le pouvoir
un moteur, un ordinateur   un travail, un détail
un canal, un hôpital   un cahier, un métier
un billet, un guichet   un collège, un manège

Meistens maskulin sind Substantive mit den Endungen **-age**, **-ment**, **-o/-ot**, **-on**, **-eau**, **-ent**. Aber es gibt hier auch Ausnahmen!

un voyage, un garage	un département, un logement
un vélo, un haricot	un melon, un citron
un bureau, un plateau	le vent, le talent

Ausnahmen: une image, une plage, une page, une jument, une photo, la météo, la peau, une dent

une jument – *Stute*

Feminine Substantive

Immer feminin sind Substantive mit den Endungen **-tié**, **-rie**, **-ance**, **-ence**, **-esse**, **-ette**, **-ise**, **-euse**.

une amitié, une moitié	une charcuterie, une boucherie
une correspondance, une alliance	une différence, une influence
la jeunesse, la finesse	une bicyclette, une allumette
une crise, une bise	une friteuse, une perceuse

Meistens feminin sind Substantive mit den Endungen **-ade**, **-ée**, **-ie**, **-ion**, **ité**. Aber es gibt hier auch Ausnahmen!

une promenade, une salade	une journée, une idée
une maladie, une librairie	une décision, une révision
une identité, une activité	

Ausnahmen: un stade, un lycée, un musée, un incendie, un million, un camion, un avion, un comité

Bildung des Plurals

J'ai acheté des pommes, un fromage et une bouteille de vin.

Ich habe Äpfel, einen Käse und eine Flasche Wein gekauft.

Grundregel

Die meisten Substantive erhalten ihren Plural, indem man ein **-s** an den Singular anhängt.

un ami – des ami**s**	une chaise – des chaise**s**
un homme – des homme**s**	une voiture – des voiture**s**
un pain – des pain**s**	une pomme – des pomme**s**

Sonderregeln

Einige Substantive bilden einen unregelmäßigen Plural. Dazu gehören die Substantive mit den Endungen **-eu**, **-al**, **-eau**, **-ail** und manche Substantive auf **-ou**.

un f**eu** – des f**eux**	un anim**al** – des anim**aux**
un mant**eau** – des mant**eaux**	un trav**ail** – des trav**aux**
un ch**ou** – des ch**oux**	

Ausnahmen: Abweichend von dieser Regel bilden die folgenden Substantive den Plural durch Anhängen von **-s**:

un bal – des bal**s**	un détail – des détail**s**
un pneu – des pneu**s**	un fou – des fou**s**
le cou – les cou**s**	le clou – les clou**s**

Substantive auf **-s**, **-x** und **-z** werden im Plural nicht verändert.

un boi**s** – des boi**s**	un pri**x** – des pri**x**
un ne**z** – des ne**z**	

Einige Substantive besitzen im Plural Sonderformen.

monsieur – **mes**sieur**s**	**ma**dame – **mes**dame**s**
mademoiselle – **mes**demoiselle**s**	un **œil** – des **yeux**

un œuf – des œufs	Bei **des œufs**, **des bœufs** und
un bœuf – des bœufs	**des os** ist nicht die Schreibweise,
un os – des os	sondern die Lautung zu
	beachten: **[dezø]**, **[debø]** und
	[dezo].

Einige Substantive gibt es nur in der Pluralform, oder sie haben im Singular eine andere Bedeutung.

les ciseaux – *Schere*	**le** ciseau – *Meißel*
les lunettes – *Brille*	**la** lunette – *Fernrohr*
les toilettes – *Toilette (WC)*	**la** toilette – *Toilette (Aufmachung)*

les environs, **les** épinards, **les** mathématiques

Eigennamen haben in der Regel keinen Plural.

les Dutour, **les** Renault, **les** Hohenzollern

1. Bilden Sie Paare: Ergänzen Sie die fehlenden maskulinen oder femininen Substantive.*

a)   un danseur   une danseuse

b)   un neveu   _____

c)   _____   une reine

d)   un instituteur   _____

e)   _____   une camarade

f)   _____   une criminelle

g)   un peintre   _____

h)   _____   une duchesse

i)   un invité   _____

j)   _____   une victime

2. Übersetzen Sie die folgenden Substantive ins Deutsche.*

a)   le livre   das Buch   la livre   das Pfund

b)   le critique _____   la critique _____

c)   le parti   _____   la partie   _____

d)   le poêle   _____   la poêle   _____

e)   le tour   _____   la tour   _____

f)   le moral   _____   la morale   _____

3. Bilden Sie zu den Substantiven im Singular die Pluralform. **

a)   le cheval   les chevaux   g)   le cou   _____

b)   le détail   _____   h)   le canal   _____

c)   le mal   _____   i)   le bateau _____

d)   le bijou   _____   j)   le gaz   _____

e)   le cours   _____   k)   l'os   _____

f)   l'œil   _____

Das Substantiv

4. Unterscheiden Sie die folgenden Begriffe jeweils in maskuline und feminine Substantive. Tragen Sie sie zusammen mit dem bestimmten Artikel in die Tabelle ein, und bilden Sie den Plural.**

> monsieur, Espagnole, chienne, adolescente, ouvrier, actrice, Belge, secrétaire, médecin, romantisme, mouchoir, ordinateur, fusée, baguette, détail, cheval, prix, maladie, décision, nez, œil, bal, perceuse, révision, différence, soleil, crise, bois, faiblesse, hôtel, image, dent.

maskuline Substantive		feminine Substantive	
Singular	Plural	Singular	Plural
le monsieur	les messieurs		

Begleiter des Substantivs

1 Alors, tu veux vraiment acheter du fromage et une bouteille de vin rouge ici ?

2 Moi, j'aime cette épicerie.

3 Tous ces produits sont trop chers.

1. Du willst also wirklich Käse und eine Flasche Rotwein hier kaufen?
2. Ich mag dieses Delikatessengeschäft sehr. 3. All diese Produkte sind zu teuer.

Begleiter sind Wörter, die nur in Verbindung mit Substantiven vorkommen. Davon zu unterscheiden sind die Pronomen, die anstelle eines Substantivs stehen.

▶ **Pronomen**, ab S. 41

Der bestimmte Artikel

Formen

	maskulin	**feminin**
Singular	**le** monsieur	**la** dame
	l'hôtel	**l'**histoire
Plural	**les** messieurs	**les** dames
	les hôtels	**les** histoires

Substantive, die mit Vokalen oder „stummem h" beginnen, haben normalerweise als bestimmten Artikel nicht le oder la, sondern **l'**.

l'animal	**l'en**fant	**l'i**dée
l'or	**l'u**sine	**l'h**ôtel

Der bestimmte Artikel

Einige Substantive, die mit h beginnen, haben nicht l', sondern **le** oder **la** als bestimmten Artikel.

> In Wörterbüchern steht vor einem solchen h ein kleiner Strich: 'h.

le haricot	**le** Hollandais	**la** halte
le handicap	**le** hareng	**le** hold-up
le héros		

Verschmelzung des bestimmten Artikels

1 Ce soir, le président sera à la télévision.

2 Je pense aux prochaines vacances.

3 C'est le bureau du patron.

---

1. Heute Abend wird der Präsident im Fernsehen sein. 2. Ich denke an die nächsten Ferien. 3. Das ist das Büro vom Chef.

> à + le ▶ au
> à + les ▶ aux

Mit der Präposition **à** verschmilzt der bestimmte Artikel **le** immer zu **au**, der Artikel **les** immer zu **aux**.
A und **la** verschmelzen dagegen nicht.

Michel va **au** café.
Il va **aux** Pays-Bas.

Il va **à la** piscine.

> de + le ▶ du
> de + les ▶ des

Mit der Präposition **de** verschmilzt **le** immer zu **du** und **les** immer zu **des**.
De und **la** verschmelzen nicht.

Michel revient **du** café.
Il revient **des** Pays-Bas.
Il vient **de la** piscine.

Gebrauch

Substantive mit bestimmtem Artikel sind, wie im Deutschen, eindeutig bestimmbare Lebewesen oder Dinge.

Demain, nous irons chez **les** Dutour.
Le chancelier Schröder a fait un voyage officiel en France.
Ma fille a consulté **le** docteur Petit.
Bonsoir, Madame **le** Professeur.

Aber: Bonjour, docteur. Bonjour, professeur. **!**

■ Der bestimmte Artikel steht:
– vor Familiennamen und vor Titeln, wenn der Familienname folgt
– bei der Anrede, wenn der Titel folgt.

J'aime **la** France, **la** Suisse, **le** Portugal, **l'**Australie,
l'Alsace, **la** Corse et **les** Landes.

■ – vor geographischen Bezeichnungen (Länder, Kontinente, Provinzen, Departements und größere Inseln)

Le matin, je dors jusqu'à sept heures.
Mais demain matin, je peux dormir jusqu'à neuf heures.

Le lundi, les musées sont fermés.
Mais lundi prochain, ils seront ouverts.

■ – bei den Tageszeiten und Wochentagen nur dann, wenn etwas **immer** geschieht („morgens", „montags")

Aujourd'hui, nous sommes mardi.
Aujourd'hui, nous sommes **le** jeudi 10 mai.

■ – bei einem Wochentag auch dann, wenn eine Datumsangabe folgt.

Il **aime les** fruits et il **déteste les** légumes.
Et moi, j'**adore le** lait.
Mais je n'aime **pas les** pommes.

■ – nach **aimer**, **détester**, **adorer** und ähnlichen Verben der Gefühlsäußerung, auch bei verneinten Sätzen.

L'argent n'a pas d'odeur.
Les citrons sont riches en vitamine C.

■ – bei verallgemeinernden Aussagen.

Im Deutschen steht hier häufig kein Artikel.

Der unbestimmte Artikel

1 Va acheter des oranges
et de la farine.

2 Combien en
faut-il ?

3 Achète un kilo d'oranges
et un paquet de farine.

---

1. Geh Orangen und Mehl kaufen. 2. Wie viel brauchen wir?
3. Kaufe ein Kilo Orangen und ein Päckchen Mehl.

Formen

	zählbare Substantive maskulin	feminin	nicht zählbare Substantive maskulin	feminin
Singular	**un** monsieur	**une** dame	du lait	de la tarte
	un hôtel	**une** histoire	de l'ail	de l'eau
Plural	**des** messieurs	**des** dames	–	–
	des hôtels	**des** histoires	–	–

Der unbestimmte Artikel steht wie im Deutschen vor Substantiven,
die nicht eindeutig bestimmt sind.
Achtung: Im Gegensatz zum Deutschen kennt das Französische auch
im Plural einen unbestimmten Artikel.

Gebrauch

J'ai **un** bon copain.
On va regarder **des** photos et écouter **des** CD.

■ **Un**, **une** und **des** stehen vor nicht näher bestimmten Personen oder
zählbaren Dingen in der Einzahl oder Mehrzahl.

On va boire **de l'**eau minérale et on va manger **du** pain
avec **du** fromage.
Comme dessert il y aura **de la** tarte au citron.

■ **Du**, **de la** und **de l'** stehen vor einer unbestimmten Menge nicht
zählbarer Dinge.

Im Deutschen gibt es
im Plural keinen un-
bestimmten Artikel.

Er kauft Orangen. –
*Il achète **des** oranges.*

Tu bois **un verre d'**eau ?
Tu prends **une tranche de** pain et **un peu de** fromage ?
Tu veux **un morceau de** tarte ? – Oui, je veux **beaucoup de** tarte !

■ Nach den meisten Mengenangaben steht nur **de** + Substantiv, ohne Artikel.

Tu prends encore un verre d'eau ? – Non, je ne veux **plus d'**eau.
Tu veux une pomme ? – Non, **pas de** pomme.

■ Bei der Verneinung von Substantiven steht, wie bei Mengenangaben, nur **pas de** bzw. **plus de**.

▶ Zur Verneinung, vgl. ab S. 144

La plupart des gens ont dormi.
Une partie des gens ont chanté.
Il reste encore **la moitié de la** tarte et **la plus grande partie des** fruits.

■ Bei den oben stehenden Mengenangaben folgt nach **de** immer der vollständige Artikel.

Feststehende Ausdrücke

Bei einigen feststehenden Ausdrücken steht kein Artikel.

Il a soif / faim / peur.	*Er hat Durst / Hunger / Angst.*
Il a besoin d'une voiture.	*Er braucht ein Auto.*
Il a raison / tort.	*Er hat Recht / Unrecht.*

Bei einigen Wendungen steht, im Gegensatz zum Deutschen, der bestimmte Artikel.

Il a **le** téléphone.	*Er hat Telefon.*
Il regarde **la** télé.	*Er sieht fern.*
Il écoute **la** musique.	*Er hört Musik.*
Il apprend **l'**allemand.	*Er lernt Deutsch.*

Artikel

1. Setzen Sie **un**, **une** oder **des** ein.*

a) _une_ chemise

b) _____ cravate

c) _____ pantalon

d) _____ chaussures

e) _____ tailleur

f) _____ slips

g) _____ T-shirts

h) _____ blouson

i) _____ veste

j) _____ gilet

k) _____ chaussettes

l) _____ pull

2. Bei Familie Dupont sind alle auf der Suche. Setzen Sie die fehlenden bestimmten Artikel und **est** oder **sont** ein. *

a) Où __est__ _la_ voiture de ma femme ?

b) Où _____ _____ jouets de nos enfants ?

c) Où _____ _____ clé de _____ voiture ?

d) Où _____ _____ assiettes de _____ grand-mère ?

e) Où _____ _____ verres de _____ vitrine ?

f) Où _____ _____ ordinateur de _____ voisine ?

g) Où _____ _____ CD de _____ Michel ?

3. Welche Zutaten braucht man für Crêpes? Setzen Sie **le**, **la**, **les**, **un**, **une**, **du**, **de la**, **de**, **des** oder gar nichts ein. **

a) Il faut mettre d'abord 500 grammes _de_ farine.

b) Faites _____ trou au centre et versez _____ trois œufs.

c) Puis ajoutez 20 grammes _____ beurre et trois grammes _____ sel.

d) Versez _____ centilitre _____ bière et _____ quart _____ litre de lait.

e) Mélangez _____ pâte.

f) Puis versez 125 grammes _____ beurre fondu.

g) Laissez reposer la pâte environ 45 _____ minutes.

h) Ajoutez _____ lait si _____ pâte est trop épaisse.

i) Mettez _____ mince couche _____ pâte dans _____ poêle graissée.

j) Faites cuire _____ crêpe d'un côté puis retournez-là.

k) Mettez sur _____ crêpe _____ jambon, _____ fromage, _____ œuf ou

_____ légumes.

l) On accompagne _____ crêpes bretonnes avec _____ bolée _____ cidre.

m) Je vous souhaite _____ bon appétit.

4. Entscheiden Sie, ob **le**, **la**, **les**, **un**, **une**, **des**, **du**, **de l'**, **de la**, **de** oder gar nichts einzusetzen ist. **

a) • Bonjour, madame, je voudrais __du__ lait.

○ Combien _____ lait voulez-vous ?

• Je voudrais trois bouteilles _____ lait.

b) • Et il me faut _____ fromage. Je prends trois tranches _____

gruyère et _____ peu _____ fromage râpé.

○ Je n'ai pas _____ fromage râpé aujourd'hui.

• Ça ne fait rien, je prends _____ camembert.

c) • Qu'est-ce que vous avez comme _____ fruits aujourd'hui?

○ J'ai _____ pommes, _____ oranges, _____ kiwis et _____ ananas.

• Ah, j'aime _____ kiwis. Mais je n'aime pas _____ ananas.

Elles coûtent combien _____ oranges ?

○ Deux euros trente.

• Alors, donnez-moi _____ kilo _____ pommes et six ___ kiwis.

d) • Vous avez _____ fraises ?

○ Non, je n'ai pas _____ fraises. _____ plupart _____ gens

n'achètent pas chez moi. Ils préfèrent _____ supermarché.

Là, _____ plus grande partie _____ fruits est moins chère.

e) • Ça sera tout, madame. Vous me faites _____ addition !

○ Ça vous fera 18 euros quinze.

• Voilà _____ billet _____ 20 euros.

○ Et voilà _____ monnaie.

• Au revoir.

○ Au revoir et à _____ prochaine.

▶ Gebrauch des Artikels bei Verneinung, S. 145

Demonstrativbegleiter

1 Tu aimes cette chemise ?

2 Non, je préfère ce pull-là.

3 Et qu'est-ce que tu penses de cet anorak ?

4 Rien. Mais j'aime bien ce jean.

---

1. Magst du dieses Hemd? 2. Nein, ich mag lieber diesen Pullover.
3. Und was hältst du von diesem Anorak? 4. Nichts. Aber diese Jeans gefällt mir.

Ce, cet, cette, ces

Formen

	Substantiv im Singular	**Substantiv im Plural**
Maskulin	**ce** monsieur / **cet** hôtel	**ces** messieurs / **ces** hôtels
Feminin	**cette** dame / **cette** histoire	**ces** dames / **ces** histoires

Gebrauch

Der Demonstrativbegleiter **ces** (= diese) darf nicht mit dem Possessivbegleiter **ses** (= seine / ihre) verwechselt werden (vgl. Seite 31).

Tu as vu **cette** fille ?
Tu peux m'expliquer **cette** phrase ?
On va au cinéma **ce** soir ?

■ Substantiven vorangestellte Demonstrativbegleiter weisen wie im Deutschen darauf hin, dass sich Lebewesen oder Dinge räumlich oder zeitlich in der Nähe des Sprechers befinden.

| **ce** matin | *heute Morgen* | **cet** après-midi | *heute Nachmittag* |
| **ce** soir | *heute Abend* | **cette** nuit | *heute Nacht* |

■ Im Zusammenhang mit Tageszeiten wird der Demonstrativbegleiter mit „heute…" übersetzt.

Der Demonstrativbegleiter **cet** steht nur bei maskulinen Substantiven, die mit Vokal oder „stummem h" beginnen.

> **cet** hôtel, **cet** anorak, **cet** homme

Achtung: Bei manchen männlichen Substantiven mit **h** bleibt **ce** erhalten.

> **ce** haricot, **ce** Hollandais, **ce** handicap

Bei femininen Substantiven steht immer **cette**.

> **cette** église, **cette** histoire, **cette** idée, **cette** femme

> In Wörterbüchern steht vor einem solchen h ein kleiner Strich: 'h.

▶ vgl. **bestimmter Artikel**, S. 21

Ce ... -là, cet ... -là, cette ... -là

Vor allem in der gesprochenen Sprache kann an das Substantiv, das von **ce** / **cet** / **cette** / **ces** begleitet wird, ein **-là** angehängt werden, um mit Nachdruck auf das Gezeigte zu verweisen.

> Tu connais **cet** homme-**là** ?
> **Cette** robe-**là** me plaît.

Wenn in einem Satz auf zwei verschiedene Dinge hingewiesen wird, so wird das Substantiv mit den Anhängseln **-ci** oder **-là** verbunden. Dabei weist **-ci** auf das Erstgenannte oder näher Liegende, **-là** auf das Zuletztgenannte oder ferner Liegende hin.

> Tu préfères **cette** photo-**ci** ou **cette** photo-**là** ?
> Voulez-vous **ce** sandwich-**ci** ou **ce** sandwich-**là** ?

Demonstrativbegleiter

1. Olivier will sich neu einkleiden. Seine Freundin fragt ihn:
« Qu'est-ce que tu penses de ... ». Setzen Sie die passenden
Demonstrativbegleiter ein. *

« Qu'est-ce que tu penses de ... »

a) _ce___ blouson ?   b) _____ pantalon ?

c) _____ chemise ?   d) _____ slip ?

e) _____ chaussettes ?   f) _____ T-shirt ?

g)_____ pull-over ?   h) _____ cravate ?

i) _____ ceinture ?   j) _____ veste ?

k) _____ chaussures ?   l) _____ sweat ?

Possessivbegleiter

1 Il cherche sa clé.

2 Elle cherche sa clé.

3 Ils cherchent leur clé.

4 Ils cherchent leurs clés.

---

1. Er sucht seinen Schlüssel. 2. Sie sucht ihren Schlüssel. 3. Sie suchen ihren Schlüssel.
4. Sie suchen ihre Schlüssel.

1. Nur ein Besitzer

Formen

	Substantiv im Singular		**Substantiv im Plural**
	Substantiv maskulin	**Substantiv feminin**	**Substantiv mask. oder feminin**
Je cherche	**mon** père **mon** ami	**ma** mère **mon** amie	**mes** parents **mes** amis / **mes** amies
Tu cherches	**ton** père **ton** ami	**ta** mère **ton** amie	**tes** parents **tes** amis / **tes** amies
Il cherche	**son** père **son** ami	**sa** mère **son** amie	**ses** parents **ses** amis / **ses** amies
Elle cherche	**son** père **son** ami	**sa** mère **son** amie	**ses** parents **ses** amis / **ses** amies

2. Mehrere Besitzer

Formen

	Substantiv im Singular (maskulin oder feminin)	Substantiv im Plural (maskulin oder feminin)
Nous cherchons	**notre** père / **notre** mère **notre** ami / **notre** amie	**nos** parents **nos** amis / **nos** amies
Vous cherchez	**votre** père / **votre** mère **votre** ami / **votre** amie	**vos** parents **vos** amis / **vos** amies
Ils cherchent	**leur** père / **leur** mère **leur** ami / **leur** amie	**leurs** parents **leurs** amis / **leurs** amies

Ein Possessivbegleiter, der sich auf ein Substantiv im Singular bezieht, hat als Endung nie ein **-s**.

J'ai vu **mon** frère.
Ils ne trouvent pas **leur** voiture.
Il me montre **sa** nouvelle bicyclette.
Elle attend **son** amie.

Ein Possessivbegleiter, der sich auf ein Substantiv im Plural bezieht, trägt immer die Endung **-s**.

Je ne trouve plus **mes** photos.
Il joue avec **ses** enfants.
Ils lisent **leurs** livres.
Nous sortons avec **nos** copines.

Im Singular muss unterschieden werden, ob das Substantiv, das vor dem Possessivbegleiter steht, maskulin oder feminin ist. Vor maskulinen Substantiven steht **mon**, **ton**, **son**, vor femininen **ma**, **ta**, **sa**.

Elle parle avec **son** copain.   *Sie spricht mit **ihrem** Freund.*
Il sort avec **sa** copine.   *Er geht mit **seiner** Freundin aus.*

! aber: sa huppe

Bei femininen Substantiven oder Adjektiven, die mit Vokal oder „stummem h" beginnen, steht ebenfalls **mon**, **ton**, **son**.

huppe – *Haube*

Il embrasse **son** amie.
Elle a vu **son** ancienne voisine.

Bei der 3. Person muss man immer unterscheiden, ob es nur einen Besitzer (dann **son**, **sa**, **ses**) oder mehrere Besitzer (dann **leur**, **leurs**) gibt.

Il attend **sa** copine.
Elle attend **sa** copine.
} nur ein Besitzer

Ils attendent **leur** copain.
Ils attendent **leurs** copains.
} mehrere Besitzer

Anders als im Deutschen gibt es im Französischen keine Unterscheidung zwischen „seine Mutter" und „ihre Mutter", die Wahl der Possessivbegleiter hängt nur vom nachfolgenden Substantiv, dem „Besitztum", ab.

Il va voir **sa** mère.   Il va voir **son** père.
Elle va voir **sa** mère.   Elle va voir **son** père.

Votre und **vos** dienen auch als Höflichkeitsform für Personen, die man siezt.

Voilà **votre** thé, madame.
Votre attention, s'il vous plaît.
Je ne trouve pas **vos** lettres, monsieur.

leur und **leurs** als Possessivbegleiter dürfen nicht verwechselt werden mit **leur** als Pronomen, das für ein indirektes **à**-Objekt steht.

▶ vgl. Seite 43

Est-ce que tu téléphones à tes parents ?
– Oui , je **leur** téléphone tout de suite. *(… ich rufe **sie** an …)*

Possessivbegleiter

1. **Son**, **sa**, **ses**, **leur** oder **leurs**? Setzen Sie den richtigen Possessivbegleiter ein. **

a) Yves est le frère d'Olivier.

Il est _son_ frère.

b) Olivier est le frère de Barbara.

Il est _____ frère.

c) Michèle est la mère d'Olivier.

Elle est _____ mère.

d) Pascal est le père de Barbara.

Il est _____ père.

e) Yves, Olivier et Barbara sont les enfants de Michèle.

Ils sont _____ enfants.

f) Olivier est le fils de Michèle et Pascal.

Il est _____ fils.

g) Barbara est la fille de Michèle et Pascal.

Elle est _____ fille.

h) Yves, Olivier et Barbara sont les enfants de Michèle et Pascal.

Ils sont _____ enfants.

Indefinite Begleiter: tout, chaque, plusieurs, certain

1 Tu as déjà terminé tout ce travail ?

2 Oui ! Et j'ai fait toute la vaisselle et j'ai rangé tous mes livres.

3 Chaque livre doit être à sa place.

4 Mais je n'ai pas trouvé de place pour plusieurs livres.

5 Certains livres sont trop vieux pour être placés dans la bibliothèque.

---

1. Hast du schon die ganze Arbeit fertig? 2. Ja! Und ich habe das ganze Geschirr gespült und alle meine Bücher aufgeräumt. 3. Jedes einzelne Buch muss am richtigen Platz sein.
4. Aber ich habe für mehrere Bücher keinen Platz gefunden. 5. Einige Bücher sind zu alt, um sie in die Bibliothek zu stellen.

Tout, toute, tous, toutes

Formen

	Substantiv im Singular	Substantiv im Plural
maskulin	**tout l'**appartement	**tous les** appartements
feminin	**toute la** maison	**toutes les** maisons

Tout steht nie allein vor dem Substantiv!

Tout... richtet sich in Geschlecht und Zahl nach dem nachfolgenden Substantiv. Zwischen **tout**... und dem Substantiv steht immer ein weiterer Begleiter: entweder der bestimmte Artikel, der Possessivbegleiter oder der Demonstrativbegleiter.

tous les livres
tous mes livres
tous ces livres

▶ **Tous** als Pronomen vgl. S. 60

Vor Zeitangaben und in der Umgangssprache steht nach **tout**... auch der unbestimmte Artikel.

toute une nuit
toute une histoire

Im Deutschen wird der Singular **tout** und **toute** + Begleiter mit „der / die / das ganze ..." übersetzt, der Plural **tous** und **toutes** + Begleiter mit „alle ...".

toute la maison	*das ganze Haus*
tous les livres	*alle Bücher*

Chaque

Chaque (jeder / jede / jedes) ist in Geschlecht und Zahl unveränderlich und steht nur vor Substantiven im Singular. Es steht anstelle eines Artikels.

chaque livre
chaque maison

Während **tous** / **toutes les** immer „alle" ohne Unterschied bezeichnet, wird mit **chaque** jeder Einzelne betont.

Tous les hommes sont égaux mais **chaque** homme est différent.

Plusieurs

Plusieurs (einige) ist in Geschlecht und Zahl unveränderlich und steht statt eines Artikels vor Substantiven im Plural.

Je t'ai téléphoné **plusieurs** fois.
Plusieurs personnes se sont réunies dans la rue.

Certain, certaine, certains, certaines

Formen

	Substantiv im Singular	Substantiv im Plural
maskulin	**un certain** M. Dutour	**certains** adultes
feminin	**une certaine** Mme Dutour	**certaines** personnes

Certain... (gewisser / gewisse) ist veränderlich und passt sich dem Geschlecht und der Zahl des Substantivs an. Wie im Deutschen steht nur im Singular vor **certain** / **certaine** der unbestimmte Artikel.

Il restera **un certain** temps.
Une certaine Mme Dutour est à la porte.
Dans **certains pays** les enfants travaillent toute la journée.
Certaines personnes ne disent pas la vérité.

1. Fanny und Emma essen gerne viel.

Antworten Sie mit tout le / toute la / tous les oder toutes les. *

a) Il y a encore des pommes ?

 – Non, elles ont mangé   toutes les pommes.

b) Il reste encore des kiwis ?

 – Non, elles ont mangé _____

c) Et l'ananas ?

 – Non, _____

d) Elles ont laissé des spaghetti ?

 – Non, _____

e) Il y avait une bouteille de limonade.

 – Mais _____

f) Il y avait aussi cinq bananes.

 – Oui, mais _____

2. Bilden Sie Sätze mit **certain** und achten Sie auf die Verwendung des Artikels. **

a) personnes – penser – être la faute des étrangers

  Certaines personnes pensent que c'est la faute des étrangers .

b) Monsieur Gilles – dire – la musique être très importante

 _____.

c) enfants – ne pas dire la vérité

 _____.

d) nombre de personnes – avoir disparu

 _____.

e) Il restera – temps

 _____.

f) pays – les gens – ne pas avoir assez à manger

 _____.

Interrogativbegleiter

1. Was für ein Fußballspiel das gestern Abend war!
2. Wer sind eigentlich deine Lieblingsspieler? 3. Und welche Mannschaften magst du?

Formen

	Substantiv im Singular	Substantiv im Plural
maskulin	**quel** avion	**quels** avions
feminin	**quelle** ville	**quelles** villes

Quel… steht immer direkt vor dem Substantiv und richtet sich in Geschlecht und Zahl nach ihm.

> **Quel** chauffeur conduira le car ?
> **Quels** pays est-ce que vous connaissez ?

Quel… kann auch mit être verbunden werden. Es richtet sich dann in Geschlecht und Zahl nach dem folgenden Substantiv.

> **Quelle** est votre ville préférée ?
> **Quels** sont les livres de Pascale ?

Gebrauch

Tu as **quel** âge ?
Vous avez **quelle** heure ?
On est **quel** jour aujourd'hui ?
Vous avez visité **quelles** villes ?

Umgangssprache

Besonders in der Umgangssprache steht **quel...** nicht zu Beginn des Satzes, sondern erst nach dem Verb.

Quel âge avez-vous ?
Quelle voiture préférez-vous ?

Quel... wird als Interrogativbegleiter des Substantivs bei Fragen verwendet, die sich auf ein Substantiv beziehen.

Quelle jolie maison !
Quelles idées !
Quel menteur !

Als Ausdruck des Erstaunens wird **quel** / **quelle** meistens mit „was für ein / eine" übersetzt.

Quel... kann auch zum Ausdruck des Erstaunens oder der Überraschung verwendet werden.

Besondere Wendungen mit quel...

Quel âge avez-vous ?	*Wie alt sind Sie?*
Quelle heure est-il ?	*Wie spät ist es?*
Quel jour sommes-nous aujourd'hui ?	*Was für einen Tag haben wir heute?*
Quelle est votre taille ?	*Was ist Ihre Größe?*
Quelle est votre adresse ?	*Wie lautet Ihre Adresse?*

Interrogativbegleiter

1. Sie interviewen Madame Le Grand. Stellen Sie Fragen mit
quel / quelle / quels / quelles! *

a) ___Quel___ âge avez-vous ?

b) _____ est votre adresse ?

c) _____ sont vos actrices préférées ?

d) _____ pays est-ce que vous connaissez ?

e) _____ est votre ville préférée ?

f) A Paris, dans _____ restaurant est-ce que vous allez manger ?

g) Votre mari, _____ sports pratique-t-il ?

h) _____ sont vos projets pour l'été prochain ?

Pronomen

Unter Pronomen versteht man Wörter, die anstelle eines Substantivs stehen. Von den Pronomen zu unterscheiden sind die Begleiter des Substantivs. Im Französischen gibt es verbundene (**je**, **tu...**, **le**, **la...**, **lui**, **leur...**) und unverbundene Personalpronomen (**moi**, **toi...**).

▶ Zu den **Begleitern** vgl. ab S. 21

Verbundene Personalpronomen

Verbundene Personalpronomen werden nur in Verbindung mit einem Verb gebraucht.

1 Est-ce que tu as vu ta sœur ?

2 Non, je ne l'ai pas vue.

3 Est-ce que tu vas téléphoner à ta sœur ?

4 Non, je ne vais pas lui téléphoner.

5 Mais je vais la voir demain.

---

1. Hast du deine Schwester gesehen? 2. Nein, ich habe sie nicht gesehen. 3. Wirst du deine Schwester anrufen? 4. Nein, ich werde sie nicht anrufen. 5. Aber ich werde sie morgen sehen.

Subjektpronomen	direkte Objektpronomen	indirekte Objektpronomen
Je n'aime plus Yves. **Je** vais lui parler.	Pourquoi est-ce que tu ne **m'**aimes plus ?	Pourquoi est-ce que tu veux **me** parler ?
Tu exagères.	Je **t'**invite au restaurant.	Je **te** raconterai toute l'histoire.
Voilà Yves. **Il** a faim. Voilà Yvette. **Elle** a faim aussi.	Il **la** trouve sympa. Elle **le** trouve sympa aussi.	Il **lui** dit bonjour. Elle **lui** fait une bise.
Nous irons au Cygne ?	D'accord ! J'aimerais que les voisins **nous** accompagnent.	Ils pourront **nous** montrer les photos du voyage.
Vous irez au Cygne ?	On va **vous** accompagner.	On va **vous** montrer les photos.
Voilà les voisins. **Ils** ont faim aussi.	Ils **les** accompagnent.	Ils **leur** montrent les photos.

Subjektpronomen = Pronomen im Nominativ;
direkte Objektpronomen = Pronomen im Akkusativ;
indirekte Objektpronomen = Pronomen im Dativ

Subjektpronomen

J'ai une sœur. Elle habite à Paris.

Ich habe eine Schwester. Sie wohnt in Paris.

Subjektpronomen vertreten ein Substantiv, das im Satz als Subjekt steht.

Yves a faim. ▶ **Il** a faim.   **Yvette** a faim. ▶ **Elle** a faim.

Formen

je / j'	**je** wird vor Vokal oder „stummem h" zu **j'** ▶ Je dors. J'aide mon frère.
on	steht für ein deutsches *„man"* oder, v. a. in der Umgangssprache, für nous *(„wir")*
vous	steht für ein deutsches „ihr" (Plural von *„du")* oder als Höflichkeitsform für ein *„Sie"*
ils	steht für ein maskulines Substantiv im Plural (**les cafés**), für mehrere Substantive maskulinen (**Yves et Michel**) oder gemischten Geschlechts (**Yves et Yvette**)
elles	steht für ein feminines Substantiv im Plural (**les voitures**) oder für mehrere Substantive femininen Geschlechts (**Yvette et Paulette**)

Direkte Objektpronomen (Personalpronomen im Akkusativ)

Im Deutschen fragt man nach direkten Objektpronomen meistens mit „wen?" oder „was?".

Il m'a rendu visite hier soir.

Er hat mich gestern Abend besucht.

Die direkten Objektpronomen stehen jeweils für ein direktes Objekt. Direkte Objekte erkennt man daran, dass vor dem jeweiligen Substantiv keine Präposition steht.

Elle n'aime plus **Yves**.   ▶ Elle ne **l'**aime plus.
Ils accompagnent **Yves et Yvette**.   ▶ Ils **les** accompagnent.

Formen

me / m'	Il **me** regarde. Il **m'**invite au restaurant.
te / t'	Il **te** regarde. Il **t'**invite au restaurant.
le / l'	Elle **le** regarde. Elle **l'**invite.
	▸ **le** vertritt ein maskulines Substantiv
la / l'	Il **la** regarde. Il **l'**invite.
	▸ **la** vertritt ein feminines Substantiv
nous	Ils **nous** regardent ? Ils **nous** accompagnent ?
vous	Oui, on **vous** regarde. On **vous** accompagne.
les	Ils **les** trouvent sympa.
	▸ **les** vertritt ein Substantiv im Plural.

> **!** Vor Vokal und „stummem h" wird me, te, le, la zu m', t', l', l'.

> ▸ Zur Stellung der Objektpronomen vgl. S. 49

Indirekte Objektpronomen (Personalpronomen im Dativ)

> ▸ Zur Veränderlichkeit des Partizip Perfekts durch vorangestellte direkte Objektpronomen vgl. S. 86

> Il m'a écrit une lettre.

Er hat mir einen Brief geschrieben.

Die indirekten Objektpronomen stehen jeweils für ein indirektes Objekt (Dativobjekt). Indirekte Objekte erkennt man daran, dass vor dem jeweiligen Substantiv die Präposition **à** steht. Im Deutschen fragt man nach indirekten Objekten meistens mit „wem?".

> Im Deutschen fragt man nach indirekten Objekten meist mit „wem?".

Elle n'écrit plus **à Yves**. ▸ Elle ne **lui** écrit plus.
Il dit bonjour **à Yvette**. ▸ Il **lui** dit bonjour.

Formen

me / m'	Tu **me** racontes l'histoire ? Tu **m'**offres un café ?
te / t'	Oui, je **te** raconte l'histoire. Et je **t'**offre un café.
lui	Il **lui** raconte toute l'histoire. Elle **lui** donne un bisou.
	▸ **lui** vertritt ein maskulines oder ein feminines Substantiv im Singular.
nous	Est-ce que les voisins vont **nous** montrer les photos ?
vous	Oui, on va **vous** montrer les photos.
leur	Ils **leur** montrent les photos. Ils **leur** offrent l'apéritif.
	▸ **leur** vertritt ein maskulines oder feminines Substantiv im Plural.

> **!** Vor „stummem h" wird **me** bzw. **te** zu **m'** bzw. **t'**.

▶ Zu den Possessivbegleitern vgl. S. 32

Achtung: Verwechseln Sie das indirekte Objektpronomen **leur** nicht mit den Possessivbegleitern **leur** und **leurs**!

▶ Zu den unverbundenen Personalpronomen vgl. ab S. 53

Das indirekte Objektpronomen **lui** vertritt sowohl maskuline als auch feminine Substantive. Es darf nicht mit dem unverbundenen Personalpronomen **lui** verwechselt werden, das nur für maskuline Substantive steht.

| Elle **lui** offre un café. | ▶ indirektes Objektpronomen, *ihm/ihr* |
| Elle parle de **lui**. | ▶ unverbundenes Objektpronomen, *über ihn* |

Reflexivpronomen

Mon ami s'apelle Pierre.

Mein Freund heißt Pierre.

Reflexive Verben sind Verben, die im Infinitiv durch das Pronomen „sich" ergänzt werden.

Reflexivpronomen benötigt man bei reflexiven Verben. Die meisten französischen reflexiven Verben sind auch im Deutschen reflexiv. Die Reflexivpronomen entsprechen in der 1. und 2. Person den Objektpronomen. Nur in der 3. Person haben sie eine andere Form.

▶ Zu den reflexiven Verben vgl. ab S. 137

me / m'	Je **me** marierai avec Yvette. Je **m'**excuserai de ma conduite.
te / t'	Tu ne **te** défends pas contre l'accusation ?
se / s'	Il **se** défend. Il **s'**adresse à Yvette.
nous	Nous **nous** marierons dans un mois.
vous	Vous **vous** connaissez depuis longtemps ?
se / s'	Ils **se** connaissent depuis un an seulement.

1. Helfen Sie bei der Suche!

Beantworten Sie die Fragen, indem Sie **le**, **la**, **les** verwenden. Achten Sie dabei auf die Angleichung des Partizips! **

a) Est-ce que tu as vu mes clés ?

Non, _je ne les ai pas vues_____ .

b) Est-ce que tu as vu mon porte-monnaie ?

_____

c) Tu sais où sont mes cigarettes ?

Non, _____ vues.

d) Mais où sont mes lunettes ?

Je _____ .

e) Je ne trouve plus mon livre de français. Tu l'as vu ?

Non, _____ .

f) Et mon dictionnaire ? Où est-ce qu'il est ?

Je ne sais pas. Je _____ .

g) Mon Dieu ! Où est ma bouteille de cognac ?

Je ne sais pas. Je _____ .

2. Ersetzen Sie das Fettgedruckte durch die passenden Personalpronomen.**

a) Yvette dit **à Paulette** : « Moi et Yves, nous avons des problèmes.

_Yvette lui dit :_____

b) Je n'aime plus **Yves**.

_____

c) **Yves** admire trop **Claudine**.

_____

d) Il trouve **Claudine** sympa.

_____

e) Il téléphone **à Claudine** tous les jours.

_____

Pronomen

f)   Et **Claudine** a demandé **à Yves les clés de la maison**.

_____

g)   Et **Yves** attend **Claudine** à la maison.

_____

h)   Mais **la maison** appartient **à moi et à ma sœur**.

_____

i)   Nous avons acheté **cette maison**.

_____

j)   De toute façon, je n'accepte plus **cette situation**.

_____

k)   Je vais quitter **Yves**.

_____

l)   Et je vais jeter dehors **Yves et Claudine**.

_____

m)   La semaine prochaine, je vais raconter **toute l'histoire à ma sœur**.

_____

n)   **Yves** n'a jamais compris **ma situation personnelle**. »

_____

Adverbialpronomen y und en

1 Vous prenez du lait dans votre café ?

2 Non merci, je n'en prends pas.

4 Oui, je m'y intéresse beaucoup.

3 Vous vous intéressez au sport ?

---

1. Nehmen Sie Milch in Ihren Kaffee? 2. Nein danke, ich nehme keine.
3. Interessieren Sie sich für Sport? 4. Ja, ich interessiere mich sehr dafür.

Gebrauch

Est-ce que tu veux répondre **à la lettre de tes parents** ?
– Oui, j'**y** réponds tout de suite.

■ **y** vertritt indirekte Objekte (Dativobjekte), die mit **à** an das Verb angeschlossen sind und Sachen bezeichnen …

Est-ce que tu vas **à Paris** ? – Oui, j'**y** vais.
Tu vas **chez le dentiste** ? – Non, je n'**y** vais pas.

■ … und steht für Ortsangaben, die mit **à**, **en**, **dans**, **chez**, **sur**, **sous** etc. eingeleitet werden.

Est-ce qu'il parle **de son travail** ? – Non, il n'**en** parle jamais.

■ **en** vertritt indirekte Objekte (Dativobjekte), die mit **de** an das Verb angeschlossen sind und Sachen bezeichnen…

Est-ce que tu viens **de Paris** ? – Oui, j'**en** viens.

■ … Ortsangaben, die mit **de** eingeleitet werden …

Adverbialpronomen y und en

> Je voudrais **des pommes**. – Combien **en** voulez-vous ?
> J'**en** voudrais **un kilo**. – Et **du lait**.
> Combien **de bouteilles** ? – Donnez-m'**en** deux.

■ ... sowie Ergänzungen, die mit dem unbestimmten Artikel eingeleitet werden. In diesem Fall wird meist eine Mengenangabe (**un kilo**) oder ein Zahlwort (**deux**) hinzugefügt.

Personen werden in der Regel nicht durch **y** oder **en** ersetzt. Stattdessen steht:

> Est-ce que tu réponds **à ta mère** ? – Non, je ne **lui** réponds jamais.

■ - ein indirektes Objektpronomen bei Objekten mit **à**.

> Est-ce que tu penses souvent **à ton amie** ?
> – Oui, je pense souvent **à elle**.

▶ Verben mit Objekt vgl. ab Seite 135

■ - **à** + unverbundenes Personalpronomen bei einigen wenigen Verben, wie z. B. **penser**, **renoncer**, **songer**

> Tu veux parler **de ta femme** ? – Non, je ne veux pas parler **d'elle**.

■ - **de** + unverbundenes Personalpronomen.

Feststehende Wendungen mit y und en

Ça **y** est.	*Es ist so weit./* *Da haben wir die Bescherung.*
Je n'**y** tiens plus.	*Ich halte es nicht mehr aus.*
Vous **y** êtes ?	*Sind Sie fertig?*
Je n'**y** peux rien./ Je n'**y** suis pour rien.	*Ich kann nichts dafür.*
Vas-**y**.	*Los./Geh hin.*
Il **y** a deux heures, ...	*Vor zwei Stunden ...*
Il **y** a des gens qui...	*Es gibt Leute, die ...*
Il **y** a des pommes ?	*Sind Äpfel da?*
Non, il n'**y** en a plus.	*Nein, es sind keine mehr da.*
J'**en** ai pour une seconde.	*Ich bin gleich wieder da.*
Où **en** étions-nous restés ?	*Wo sind wir stehen geblieben?*
J'**en** ai eu pour mille euros.	*Es hat mich 1000 Euro gekostet.*
J'**en** ai assez.	*Es reicht mir./* *Ich habe genug davon.*
Ne vous **en** faites pas.	*Machen Sie sich keine Sorgen.*
Je n'**en** peux plus.	*Ich kann nicht mehr.*

Stellung der Objekt- und Adverbialpronomen

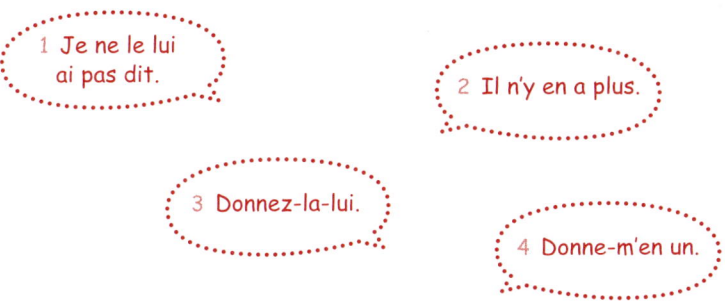

---

1. Ich habe es ihm / ihr nicht gesagt. 2. Es sind keine mehr da. Auch: Es ist keins / keine mehr da. 3. Geben Sie sie ihm / ihr. 4. Gib mir eins (davon).

Stellung im Aussage- oder Fragesatz

Die Objekt- und Adverbialpronomen stehen vor dem konjugierten Verb. Im verneinten Satz steht dabei der eine Verneinungsteil (**ne**) vor dem Pronomen, der andere Verneinungsteil (z. B. **pas**) nach dem konjugierten Verb.

> Die Stellung der Pronomen ist im Französischen fest vorgeschrieben.

> Tu connais Yves ? – Non, je ne **le** connais pas.
> La semaine dernière, je **lui** ai prêté ma BMW mais il ne **me** l'a pas rendu**e**.
> Tu veux dire que tu **la lui** as prêt**ée** sans sécurité ?

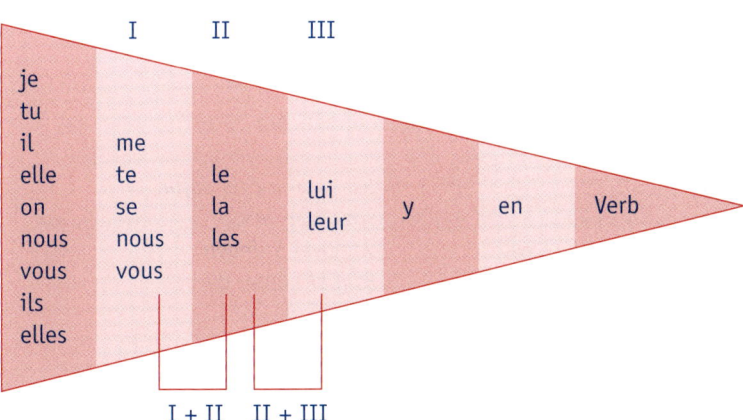

Zwei Objektpronomen können nur dann kombiniert werden, wenn eines davon **le**, **la**, **les** ist.

Mögliche Kombinationen sind also: I + II und II + III.

Stellung der Objekt- und Adverbialpronomen

Die Adverbialpronomen **y** und **en** können beliebig kombiniert werden, dabei steht **y** immer vor **en**.

me, **te**, **se**, **nous**, **vous** können nicht mit **lui** oder **leur** verbunden werden. Anstelle von lui oder leur stehen die unverbundenen Personalpronomen **à lui**, **à elle**, **à eux** oder **à elles**.

> Ton chef t'a présenté **au ministre** ? – Oui, il m'a présenté **à lui**.
> Et il t'a présenté aussi **à sa femme** ? – Oui, il m'a présenté aussi **à elle**.

Stellung im Aussage- oder Fragesatz mit nachfolgendem Infinitiv

Beziehen sich Objekt- oder Adverbialpronomen auf einen Infinitiv, so stehen sie direkt vor dem Infinitiv.

> Est-ce qu'on va montrer **les photos à Yvette** ?
> – Oui, on va **les lui** montrer.

> Est-ce qu'il faut **lui** offrir **du café** ?
> – Oui, mais on ne va **lui en** offrir qu'une tasse.

Bei einigen Verben bezieht sich das Pronomen nicht auf den Infinitiv, sondern auf das vorangehende Hauptverb. Hierzu gehören: **voir**, **regarder**, **entendre**, **écouter**, **sentir**, **laisser**, **faire**, **envoyer**. Die Pronomen stehen dann vor dem konjugierten Verb.

> **Les enfants** ont crié très fort. – Tu **les** as entendus crier ?
> **La moto** de Jean était en panne. – Mais il **l'**a fait réparer.

Stellung im Imperativsatz

! Vor **en** werden **moi** und **toi** zu **m'** bzw. **t'** (m'en, t'en)

Beim bejahten Imperativ werden die Pronomen mit Bindestrich an das Verb angeschlossen. Dabei steht das direkte Objektpronomen vor dem indirekten.
Y und **en** stehen immer an letzter Stelle. Beachten Sie: Anstelle von **me** und **te** stehen **moi** und **toi**.

Tu prends du beurre ? – Oui, passe-**le-moi**.
Tu veux du vin ? – Oui, donne-**m'en** un verre.

Beim verneinten Imperativ gelten die gleichen Regeln wie beim Aussagesatz.

> J'aimerais que tu restes ! Ne **t'en** va pas.
> Ne **me** regarde pas comme ça.

1. Antworten Sie Monsieur Dutour. Ersetzen Sie das Fettgedruckte durch **y** und **en**. *

a) Quand est-ce que vous allez **à Marseille** ? (nous – dans quinze jours)

   Nous y allons dans quinze jours.

b) A quelle heure vous arriverez **à la gare** ? (nous – à 14 heures 25)

_____

c) Vous avez déjà parlé **de ce voyage** au chef ? (je – la semaine dernière)

_____

d) Vous pensez déjà **à ce voyage** ? (je)

_____

e) Vous allez monter **sur la colline de la basilique Notre-Dame-de-la-Garde** ? (nous)

_____

f) Pourriez-vous acheter **deux bouteilles de Pastis** ? (je)

_____

2. Setzen Sie **y** oder **en** ein! *

y – y – y
en – en – en

a) Philippe, vas- __y__ .

b) Vous prenez du lait dans votre café ? – Non, je n' _____ prends pas.

c) Avez-vous encore du café ? – Oui, j' ____ ai.

d) Il ____ a encore quelques tartelettes.

e) J' ____ prends une, merci.

f) Il faut que je m'____ aille maintenant.

Adverbialpronomen y und en

3. Antworten Sie auf die Fragen. Ersetzen Sie dabei die hervorgehobenen Satzteile durch die passenden Personalpronomen und durch **y** oder **en.****

a) Est-ce que tu as vu **ta sœur** ?

Non, _____je ne l'ai pas vue_____ .

b) Et tu n'as pas vu **ton frère** non plus ?

Si, _____ .

c) Vous allez **en ville** demain ?

Oui, _____ .

d) Tu diras bonjour **à ton frère** ?

Oui, _____ .

e) Tu vas téléphoner **à ta sœur** prochainement ?

Oui, _____ .

f) Est-ce que tu penses souvent **à ta sœur** ?

Non, _____ .

g) Elle travaille toujours **chez Peugeot** ?

Non, _____ .

h) Et son mari, il s'intéresse toujours **aux voitures** ?

Non, _____ .

i) Il ne travaille plus **au garage** ?

Non, _____ .

beau-frère – *Schwager*
j) La maison appartient toujours **à ta sœur et à ton beau-frère** ?

Oui, _____ .

k) Ils ont changé **de voiture** ?

Non, _____ .

l) Ils n'ont pas besoin **de ta mère** ?

Non, _____ .

m) Et ta sœur, elle n'a pas aidé **votre mère** ?

Si, _____ .

Unverbundene Personalpronomen: moi, toi...

1 Yvette va au restaurant.

2 Et Yves ?

4 Et les voisins ?

3 Lui aussi.

5 Eux aussi.

1. Yvette geht ins Restaurant. 2. Und Yves? 3. Er auch. 4. Und die Nachbarn? 5. Sie auch.

Formen

	1. Person	2. Person	3. Person	
			maskulin	feminin
Singular	**moi**	**toi**	**lui**	**elle**
Plural	**nous**	**vous**	**eux**	**elles**

Gebrauch

Die unverbundenen Personalpronomen können immer nur für Personen stehen, und zwar:

Qui est-ce qui veut aller chez les Dutour ?
Michel: Pas **moi.**
Isabelle: **Moi** non plus.

Dies gilt auch für Verbindungen mit **et**, **ou**, **ni... ni** etc.

- in Sätzen ohne Verb.

Thierry: Je ne veux pas aller **chez eux**.
Florence: Michel, tu viens **avec moi** ?

- nach Präpositionen.

Voilà une photo des Dutour.
C'est elle qui crie sans arrêt.
Et **ce sont eux** que mon grand-père n'a jamais aimés.

- nach **c'est** und **ce sont**.

Et c'est lui qui est beaucoup plus intelligent **qu'elle**.

- nach **que** in Vergleichssätzen.

Toi, **tu** vas nous accompagner et **toi**, **tu** vas rester à la maison.

- zur Hervorhebung von Personen, v. a. in der Umgangssprache.

Unverbundene Personalpronomen

1. Ersetzen Sie das Fettgedruckte durch die passenden unverbundenen Personalpronomen. *

a) Thierry : Je ne veux pas aller **chez les Dutour**.   _chez eux_

b) Florence : Tu peux venir **avec Michel**.   _____

c) Thierry : Non, je ne vais pas **avec toi et Michel**.   _____

d) Michel : Je suis d'accord **avec Florence**.   _____

e) Florence : Je n'ai pas envie d'y aller **avec mes amies**.   _____

f) Thierry : Alors, on va au cinéma **avec mes amis**.   _____

2. Übersetzen Sie! **

a) Thierry und ich fahren nicht zu den Dutours.

   Thierry et moi, nous n'allons pas chez les Dutour.

b) Er will auch nicht mit ihm fahren.

   _____

c) Und Florence fährt auch nicht mit ihnen.

   _____

einverstanden sein –
être d'accord

d) Und er ist mit ihr einverstanden.

   _____

streiten – se disputer

e) Und sie möchte nicht mit ihm streiten.

   _____

f) Alle wollen nicht zu ihnen fahren.

   _____

Demonstrativpronomen

1 Tu prends ce pantalon ?

2 Non, celui-là.

3 Qu'est-ce que tu penses de cette chemise ?

4 Non, je préfère plutôt celle-là.

1. Nimmst du diese Hose? 2. Nein, diese da. 3. Was hältst du von diesem Hemd?
4. Nein, ich bevorzuge eher dieses da.

Celui, celle ...

Formen

	maskulin	**feminin**
Singular	**celui**	**celle**
Plural	**ceux**	**celles**

Gebrauch

Celui, celle, ceux und celles werden nie alleinstehend gebraucht.

Quelle voiture est-ce que je prends pour aller en ville ?
– Prends **celle de** Michel.

Entweder folgt ihnen eine Ergänzung mit Präposition (meist **de**, **à** oder **pour**) ...

Je voudrais un chou-fleur. – Prenez **celui que** vous préférez.

chou-fleur – *Blumenkohl*

- oder ein Relativsatz (mit **qui**, **que**, **dont** oder **où**).

Qu'est-ce que je mets comme verres ?
Ceux-ci ou **ceux-là** ? – Plutôt **ceux-là**.
Et comme serviettes ? – Prends **celles-ci**.

Bei einer Auswahl zwischen zwei Dingen verweist **celui-ci** auf das Erstgenannte oder näher Liegende, **celui-là** auf das Letztgenannte oder ferner Liegende hin.

Demonstrativpronomen

Für **ça** steht in der Schriftsprache **cela**.

cela, ça und ce

2 Oui, c'est super.

1 Ça te plaît ?

1. Gefällt es dir? 2. Ja, das ist super.

Gebrauch

Ça va ? – Oui, **ça** va mieux.
« Computer », **ça** ne se dit pas en français.

Ça steht meist dann, wenn ein **il** zu einer Verwechslung mit einer Person führen könnte.

La Polynésie française, **c'est** magnifique.
Voilà mes livres. – Non, **ce sont** mes livres.

Ce bzw. **c'** steht vor être.

1. Thierry und Florence sind im Kaufhaus. Setzen Sie die fehlenden Demonstrativpronomen ein. *

a) F. : Alors, tu veux acheter un pantalon. Prends _celui-là._

b) T. : Moi, je préfère _____ qui se trouve à côté.

c) F. : Voilà les chemises. J'en ai trouvé une belle. Que penses-tu

    de _____ ?

d) T. : _____ aux manches courtes me plaît plus.

e) F. : Tu as vu les chaussures ? Qu'est-ce que tu préfères ? _____ ou

    _____ ?

f) T. : J'aimerais prendre _____ dont je t'ai parlé hier.

g) F. : On achète encore une cravate. Prends _____ où il y a toutes

    sortes de papillons.

h) T. : Il me faudrait encore un pull. _____ ou _____ ?

i) F. : J'adore _____ à col roulé.

j) T : Regarde ces slips. Tu préfères _____ ou _____ ?

k) F : _____ est plus sexy.

Possessivpronomen

1 C'est votre
bureau ?

2 Et ces feuilles ?
Elles sont à vous ?

Oui, c'est
le mien.

Oui, ce sont
les miennes.

---

1. Ist das Ihr Schreibtisch? – Ja, das ist meiner.
2. Und diese Blätter? Gehören die Ihnen? – Ja, das sind meine.

Formen

	maskulin	feminin	maskulin	feminin
	A qui est ce bureau ?	Et cette chaise ?	Et ces crayons ?	Et ces feuilles ?
Singular	C'est	C'est	Ce sont	Ce sont
1. Person	**le mien**	**la mienne**	**les miens**	**les miennes**
2. Person	**le tien**	**la tienne**	**les tiens**	**les tiennes**
3. Person	**le sien.**	**la sienne.**	**les siens.**	**les siennes.**
Plural	C'est	C'est	Ce sont	Ce sont
1. Person	**le nôtre**	**la nôtre**	**les nôtres**	**les nôtres**
2. Person	**le vôtre**	**la vôtre**	**les vôtres**	**les vôtres**
3. Person	**le leur.**	**la leur.**	**les leurs.**	**les leurs.**

Die Possessivpronomen richten sich – wie die Possessivbegleiter – in Geschlecht und Zahl nach dem dazugehörigen Substantiv.

▶ Zu den Possessiv-begleitern vgl. ab S. 31

Sind zwei Besitzer angegeben, so tritt der eine als Possessivbegleiter vor das Substantiv, der andere als Possessivpronomen dahinter:

    mes amis et **les tiens**...   *meine und deine Freunde ...*

1. Antworten Sie immer bejahend. Verwenden Sie die passenden Possessivpronomen. *

a) C'est votre voiture?

   _Oui, c'est la mienne._____ .

b) Et ce vélo ?

   C'est _____ .

c) Et ces meubles ?

   Ce sont _____ .

d) Et ces photos ?

   _____ .

e) Ce sont les livres de votre fille ?

   Oui, _____ .

f) Et ces CD ? Ils sont à votre fils ?

   _____ .

g) Cette maison est à vous et votre femme ?

   _____ .

h) Et ces deux voitures ?

   _____ .

i) Ce sont les jouets de vos enfants ?

   Oui, _____ .

j) Et ces guitares ?

   _____ .

k) Et cette moto ? Elle est à votre mère ?

   Oui, _____ .

l) C'est la bicyclette de votre père ?

   Oui, _____ .

Indefinite Pronomen: tout, chacun, plusieurs, certains

> 1 La semaine dernière, j'ai fêté mon anniversaire avec mes amis.

> 2 Tous étaient là.

> 3 Chacun a apporté un petit cadeau.

> 4 Plusieurs sont venus avec leurs copines.

> 5 Et certains sont restés jusqu'au lendemain.

1. Letzte Woche feierte ich mit meinen Freunden Geburtstag. 2. Alle waren da.
3. Jeder Einzelne brachte ein kleines Geschenk mit. 4. Mehrere sind mit ihren Freundinnen ge-
kommen. 5. Und einige blieben bis zum nächsten Morgen.

Tous, toutes – chacun, chacune

Gebrauch

▶ Zu „tout ..." als Begleiter vgl. S. 35

La semaine dernière, mes amis sont venus.
– Il y avait beaucoup d'amis ?
Oui, **tous** sont venus.
– Et les filles ?
Elles étaient **toutes** là.

Tous und **toutes** richten sich im Geschlecht nach dem dazugehörigen Substantiv und bezeichnen alle Personen oder Sachen einer Gruppe. In den obigen Beispielen beziehen sich **tous** bzw. **toutes** auf das Subjekt.

Je t'ai déjà montré les films ? – Oui, tu me **les** avais montrés **tous**.
Et les photos ? Tu les connais déjà ? – Oui, je **les** connais **toutes**.

Hier beziehen sich **tous** und **toutes** auf ein direktes Objekt. In diesen Fällen steht vor dem konjugierten Verb das Objektpronomen **les**.

Tous les films sont rangés dans le placard.
Chacun a sa place bien précise.
Et les photos, je vais les coller dans un album.
Chacune doit être commentée par un petit texte.

le placard – *Schrank*

Chacun bzw. **chacune**
hat keine Pluralform. **!**

- **Chacun** und **chacune** richten sich im Geschlecht nach dem dazugehörigen Substantiv und bezeichnen jede einzelne Person oder Sache einer Gruppe.

Chez moi, **tout** doit être correct.

Tout entspricht im Deutschen dem Pronomen „alles".

- **Tout** ist unveränderlich und bezeichnet eine Gesamtheit.

Tout ce qui est à la mode me plaît.
Tout ce qu'on veut acheter se trouve dans ce centre commercial.
Tous ceux qui sont venus reviendront l'année prochaine.
Et **tous ceux que** j'ai rencontrés ont été bien contents.

Eine Konstruktion wie „Alles, was ..." ist im Französischen nicht möglich!

- Nach den Pronomen **tout**, **tous** und **toutes** kann nicht wie im Deutschen direkt ein Relativsatz angeschlossen werden. Vor dem Relativsatz steht bei **tout** ein **ce**, bei **tous** oder **toutes** ein **ceux** oder **celles**.

Plusieurs – certains

Plusieurs de mes amis habitent à Paris.

Certains wird vor allem in der Schriftsprache verwendet.

Einige meiner Freunde wohnen in Paris.

Plusieurs und **certains**... existieren nicht nur als Begleiter, sondern können auch als Pronomen dienen.

Gebrauch

Ce matin, j'ai acheté des bananes. **Plusieurs** sont déjà abîmées.

abîmé – *verdorben*

- **Plusieurs** kann sich auf Sachen und Personen beziehen.

En ce moment, les économistes discutent beaucoup de la situation actuelle. **Certains** ne pensent pas que l'économie reprenne.

- **Certains** bezieht sich nur auf Personen.

Indefinite Pronomen

1. Setzen Sie die passenden indefiniten Pronomen von **tout** ein. *

a) La semaine dernière mes amis sont venus. <u>Tous</u> étaient là.

b) Il y avait aussi des filles. Tu les connais _____ ? – Non !

c) _____ celles qui sont venues reviendront la semaine prochaine.

d) J'ai préparé aussi un repas. Ils ont presque _____ mangé.

le gaspillage –
Verschwendung

e) _____ ce qui restait, je l'ai mangé le lendemain.

la nourriture –
Nahrungsmittel

f) Et mes amis sont presque _____ contre le gaspillage de la nourriture.

2. Übersetzen Sie. Benutzen Sie dabei die indefiniten Begleiter und Pronomen von **tout** bzw. **chaque**. ***

a) Gehören all diese Kassetten dir? – Nein, sie gehören alle meiner Schwester.

   <u>Toutes ces cassettes sont à toi ?</u>

   _____

b) Hast du die Hosen gewaschen? – Ja, ich habe sie alle gewaschen. Jede Hose muss separat gewaschen werden.

   _____

spülen – laver
glänzen – briller

   _____

c) Für das Fest muss ich jeden einzelnen Teller spülen. Sie müssen alle glänzen. Und jeder muss an seinen bestimmten Platz geräumt werden.

   _____

   _____

d) Sind alle Kinder nach Hause gegangen? – Nein, nicht alle. Aber jedes Kind hat um acht Uhr zu Hause zu sein.

   _____

   _____

e) Hast du alles gegessen? – Nein, nicht alles. Wir werden aber alle Reste morgen essen.

   _____

   _____

f) Er hat den ganzen Tag geschlafen. Er macht das jeden Tag so.

   _____

Relativpronomen

2 La ville que je préfère, c'est Marseille.

3 La ville dont je t'ai parlé, c'est Marseille.

1 La ville qui me plaît le plus, c'est Marseille.

4 La ville à laquelle je pense, c'est Marseille.

5 La ville où j'habite me plaît beaucoup.

1. Die Stadt, die mir am meisten gefällt, ist Marseille. 2. Die Stadt, die ich bevorzuge, ist Marseille. 3. Die Stadt, von der ich dir erzählt habe, ist Marseille. 4. Die Stadt, an die ich denke, ist Marseille. 5. Die Stadt, in der ich wohne, gefällt mir sehr.

Gebrauch

qui

La ville, c'est Marseille. **Cette ville** me plaît le plus.
▸ La ville **qui** me plaît le plus est Marseille.

Monique a parlé d'une fille. **Cette fille** est suisse.
▸ Monique a parlé d'une fille **qui** est suisse.

qui ist immer das Subjekt eines Satzes und kann sich auf Sachen wie auf Personen beziehen. Auf **qui** im Relativsatz folgt nie ein Subjekt, sondern ein Objektpronomen oder ein Verb.

La fille s'appelle Monique. Je pense **à cette fille**.
▸ La fille **à qui** je pense s'appelle Monique.

„Präposition + qui" steht für Personen, denen eine Präposition vorausgeht.

qui steht unterschiedslos für „der, die, das, die [Plural]".

Bei Sachen muss in diesen Fällen „Präposition + **lequel**…" stehen. Vgl. S. 64

Relativpronomen

que

La ville, c'est Marseille. Je préfère **Marseille**.
▶ La ville **que** je préfère, c'est Marseille. *(Die Stadt, die …)*

que steht immer für das direkte Objekt (Akkusativobjekt) eines Satzes und kann sich auf Sachen wie auf Personen beziehen. Nach einem **que** folgt immer ein Subjekt.

dont

La ville, c'est Marseille. Je t'ai parlé **de Marseille**.
▶ La ville **dont** je t'ai parlé, c'est Marseille. *(Die Stadt, von der …)*

Le monsieur s'appelle Dutour. J'ai vu la fille **de ce monsieur**.
▶ Le monsieur **dont** j'ai vu la fille s'appelle Dutour.
  (Der Herr, dessen …)

dont steht für eine Ergänzung mit **de** und kann sich ebenfalls auf Sachen und Personen beziehen. Im Unterschied zum Deutschen steht nach **dont** immer die normale Satzstellung.

lequel, laquelle, lesquels, lesquelles

La ville, c'est Marseille. Je pense **à cette ville**.
▶ La ville **à laquelle** je pense, c'est Marseille. *(… an die …)*

Nous avons vu des touristes. **Parmi les touristes** se trouvaient deux Japonais.
▶ Nous avons vu des touristes **parmi lesquels** se trouvaient deux Japonais. *(… unter denen …)*

! Ausnahme: Nach **parmi** und **entre** wird ausschließlich **lequel** … verwendet!

„Präposition + **lequel** …" steht für Ergänzungen mit einer Präposition (**à**, **de**, **pour**, **avec**, **dans** …). Bei Sachen ist diese Konstruktion vorgeschrieben. Bei Personen steht sie nur in der Schriftsprache, ansonsten wird „Präposition + **qui**" verwendet. Anstelle von **de + lequel**… kann in den meisten Fällen auch **dont** stehen.

où

Ce pays me plaît beaucoup. Je suis allée **dans ce pays**.
▶ Le pays **où** je suis allée me plaît beaucoup. *(Das Land, in das ...)*

Je me rappelle bien de ce soir-là. **Le soir** nous sommes allés
au cinéma.
▶ Je me rappelle bien du soir **où** nous sommes allés au cinéma.
(... an den Abend, an dem ...)

Das Pronomen **où** hat die Funktion einer Ortsbestimmung. Es kann
auch als zeitliches Pronomen stehen, wenn ihm Ausdrücke wie **le
jour**, **le soir**, **le mois** etc. vorausgehen. Nach **à l'époque** und **au
moment** steht ebenfalls **où**.

ce qui, ce que

Je ne sais pas **ce qui** lui plaît. *(Ich weiß nicht, was ...)*

ce qui (als Subjekt) und **ce que** (als direktes Objekt) entsprechen
dem deutschen neutralen „was".

▶ Zu tout/tous in
Verbindung mit
Relativsätzen vgl.
Seite 61

Relativpronomen

1. Entscheiden Sie zwischen **qui** und **que**. *

a) La ville _qui_ me plaît le plus, c'est Marseille.

b) C'est la ville _____ je préfère.

c) Les enfants de Monsieur Dutour, c'est Nicole _____ a treize ans,

Benjamin _____ a onze ans et Olivier _____ a cinq ans.

d) Benjamin _____ je ne connais pas est un garçon bien sage.

e) Jean a parlé d'une fille _____est suisse.

f) Et la fille _____ j'aime est portugaise.

2. Verbinden Sie jeweils die beiden Sätze mit **dont**. **

a) Les Dutour ont trois enfants. Deux de ces enfants sont des garçons.

Les Dutour ont trois enfants dont deux sont des garçons.

b) La fille est suisse. Jean a parlé de cette fille.

_____

c) La ville s'appelle Marseille. Nous avons vu un film de cette ville.

_____

d) Voilà Emma et Fanny. La passion de ces deux filles est la nourriture.

_____

_____

e) J'ai vu une fille. Ses parents habitent au Portugal.

_____

3. Setzen Sie die passenden Relativpronomen ein. ***

a) Je ne connais personne ____qui____ sache parler le japonais.

b) La femme _____ je t'ai parlé la semaine dernière est morte
par accident.

le metteur en scène –
Regisseur

c) Connaissez-vous le metteur en scène _____ a fait le film
« L'Amant » ?

l'amant – Liebhaber

d) C'est un livre _____ personne ne peut résister.

les jumelles – Fernglas

e) Je ne trouve plus les jumelles _____ s'est servi mon grand-père.

f) La ville _____ je rêve s'appelle Marseille.

g) La personne _____ je tiens beaucoup est ma mère.

h) L'arc-en-ciel _____ je regarde est en train de disparaître.

i) La personne _____ je crois le plus est mon patron.

j) Le pays _____ j'aimerais vivre c'est la France.

k) Voilà la raison pour _____ elle est partie.

l) Les personnes parmi _____ se trouve M. Dutour jouent toutes d'un instrument de musique.

m) Ce sont des événements _____ les Allemands penseront encore dans 20 ans.

l'arc-en-ciel – *Regenbogen*

---

4. Übersetzen Sie. Verwenden Sie die Relativpronomen. ✱✱✱

a) Die Stadt, in der ich wohne, heißt Metz.

  La ville où j'habite s'appelle Metz.

b) Gibt es eine Stadt, die du lieber magst?

c) Nein, Metz ist die Stadt, die ich am meisten mag.

d) Meine Frau, die 38 Jahre alt ist, kommt aus Nancy.

e) Nancy, das berühmter ist als Metz, ist die Stadt, die meiner Frau am besten gefällt.

f) Der Sohn meiner Frau, den alle Dodo nennen, ist in Forbach geboren.

g) Die Tochter meiner Freundin, die 25 Jahre alt ist, studiert in Straßburg.

Das Verb

Tempus

1. Zeitpunkt des Sprechens

In diesem Buch werden nur die gebräuchlichsten Zeiten behandelt, Formen, die v. a. in der Schriftsprache verwendet werden (z. B. Passé antérieur und Imparfait du subjonctif), bleiben ausgeklammert

Ein Verb bringt nicht nur zum Ausdruck, wann und wie lange etwas geschieht, es setzt dieses Geschehen auch in eine zeitliche Beziehung zu dem jeweiligen Sprecher oder Erzähler.

So kann ein bestimmtes Geschehen schon vorher, zur gleichen Zeit oder erst nach dem Zeitpunkt stattfinden, zu dem ein Mensch darüber spricht. Jeder der drei Stufen sind bestimmte Zeitformen zugeordnet.

Zeitpunkt des Sprechens		
Geschehen		
vorher	**gleichzeitig**	**nachher**
passé composé **imparfait**	**présent**	**futur simple** **futur composé**

Ma femme **est** dans la cuisine. Elle **prépare** le repas.

gleichzeitig zum Sprechen: **Présent**

Pendant que je **travaillais** à l'ordinateur, quelqu'un **a frappé** à la porte.

vorzeitig zum Sprechen: **Imparfait**, **Passé composé**

Nos enfants sont partis. Ils **vont revenir** tout de suite.
Demain, ils **iront** en ville.

nachzeitig zum Sprechen: **Futur composé** oder **Futur simple**

2. Zeitpunkt des Erzählens

Erzählt jemand eine Geschichte, so versetzt er sich in die Vergangenheit. Auch hierbei kann ein erzähltes Geschehen vor, zur gleichen Zeit wie oder nach dem Zeitpunkt stattfinden, in den sich der Erzähler hineinversetzt.

Ausgangspunkt der Erzählung		
Geschehen		
vorher	**gleichzeitig**	**nachher**
plus-que-parfait	**imparfait** **passé composé**	**conditionnel**

Il **avait** faim. Il **savait** qu'il n'**avait** plus d'argent.
Tout à coup, quelqu'un **a frappé** à la porte.

gleichzeitig zum Erzählen: **Imparfait** oder **Passé composé**

▶ Imparfait
vgl. ab Seite 92

Il **avait dépensé** tout son argent.
Il n'**avait** pas **arrêté** d'acheter des livres et des CD.

vorzeitig zum Erzählen: **Plus-que-parfait**

▶ Passé composé
vgl. ab Seite 83

Et il savait que la faim **serait** encore plus grande et qu'il ne **changerait** jamais.

nachzeitig zum Erzählen: **Conditionnel**

▶ Plus-que-parfait
vgl. ab Seite 97

▶ Conditionnel
vgl. ab Seite 113

Modus

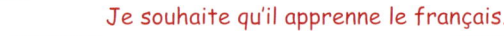

Je souhaite qu'il apprenne le français.

Ich möchte, dass er französisch lernt.

Eine Verbform kann nicht nur Aufschluss über den Zeitpunkt des Sprechens oder des Erzählens geben, sondern auch eine persönliche Haltung gegenüber einem Geschehen ausdrücken. Dafür gibt es den lateinischen Ausdruck Modus.

Wird eine Tatsache ausgedrückt, so steht das **Futur**.

Ma femme dit que nos amis **viendront**.
Meine Frau sagt, dass unsere Freunde kommen.

Wird ein Wunsch ausgedrückt, so verwendet man den **Subjonctif**.

Ma femme dit que nos amis **viennent**.
Meine Frau sagt, unsere Freunde sollten kommen.

Handelt es sich um eine Tatsache, so steht das **Présent**.

Vous avez fait votre choix ?	Oui, je **prends** le menu à cent euros. (*„Ich nehme…"*)

Zum Ausdruck einer höflichen Bitte wird das **Conditionnel** verwendet.

Vous avez fait votre choix ?	Oui, je **voudrais** le menu à 15 euros. (*„Ich hätte gerne…"*)
Pourriez-vous m'aider s.v.p. ?	*Könnten Sie mir bitte helfen?*

Bei Aufforderungen steht der **Imperativ**.

« Asseyez-vous, s'il vous plaît. »	*„Setzt euch bitte!"*
« Attends-moi. »	*„Warte auf mich!"*

Présent

« Le lundi, le mardi, le mercre-
di, le jeudi, le vendredi et le
samedi, je regarde la télé. »

1. Qu'est-ce qu'il fait dimanche ?   – Il fait la vaisselle.
2. Qu'est-ce qu'il fait normalement ?   – Il regarde la télé.

1. Was macht er diesen Sonntag? – Er spült ab. 2. Was macht er normalerweise? – Er sieht fern.

Bildung des Présent

Im Présent haben die Verben je nach Gruppenzugehörigkeit
unterschiedliche Endungen:

	1. Gruppe: Verben auf	2. Gruppe: Verben auf **-ir** (Typ: finir)	3. Gruppe: unregelmäßige Verben! Verben auf ...		
	-er	**-ir**	**-ir**	**-oir**	**-re**
Singular					
je	-e	-is	-s / -e	-s / -x	-s / -s
tu	-es	-is	-s / -es	-s / -x	-s / -s
il / elle / on	-e	-it	-t / -e	-t / -d	-t / -d
Plural					
nous	-ons	-issons	-ons	-ons	-ons
vous	-ez	-issez	-ez	-ez	-ez
ils / elles	-ent	-issent	-ent	-ent	-ent

Die wichtigsten un-
regelmäßigen Verben
finden Sie in der Liste
auf Seite 74 bis Sei-
te 79.

Die Endung des Présent bei **vous** ist die regelmäßigste Form. Bis auf drei
Ausnahmen enden hier alle Verben auf **-ez**.

Diese Ausnahmen sind:

être - vous êtes   **dire** - vous dites   **faire** - vous faites

Gebrauch

Elle **travaille** dans le jardin.
En ce moment, les enfants **jouent** dans leur chambre.

Das Présent nimmt man für im Moment stattfindende Ereignisse ...

Je **joue** au tennis le samedi soir.
Une fois par semaine, on **va** au restaurant.

– gewohnheitsmäßige Ereignisse ...

La lune **tourne** autour de la terre.
Trois et trois **font** six.

– allgemeine Wahrheiten ...

La télé **marche** depuis ce matin.
Cela fait cinq ans que je ne **fume** plus.

– in der Vergangenheit begonnene und noch andauernde
   Ereignisse ...

Il **sort** du supermarché.
Le train **part**.

– Ereignisse, die soeben stattfanden (anstelle der Konstruktion
   « Il vient de sortir du supermarché »).

Nous **partons** en voyage demain.
On **mange** quelque chose à midi ?

Das Présent kann auch bei beabsichtigten, zukünftigen Ereignissen
stehen. In solchen Sätzen dürfen Zeitangaben wie z. B. **demain**, **à
midi** nicht fehlen. Meistens handelt es sich dabei um eine nahe Zukunft.

▶ Zu den si-Sätzen
vgl. ab Seite 131

S'il **vient** demain, je serai content.
Si on ne **mange** pas trop, on se sent bien.

Kann eine Bedingung möglicherweise erfüllt werden, steht im **si**-Satz
das Présent.

Übersicht der Verben im Présent

Ein Verb setzt sich immer aus Stamm und Endung zusammen. Jedes Verb hat mindestens einen Verbstamm.

> Beispiel: **vous aimez**
> Stamm: **aim-**　　　　　　Endung: **-ez.**

1. Verben auf -er (1. Gruppe):

Ungefähr 90 % der französischen Verben enden auf **-er**.

Verben auf **-er**: aimer	
j'aim**e**	nous aim**ons**
tu aim**es**	vous aim**ez**
il aim**e**	ils aim**ent**

Eine Reihe von Verben auf **-er** ändert ihren Verbstamm. Sie lassen sich in verschiedene Untergruppen einteilen:

Verben auf **-eler** oder **-eter**: appeler	
j'appe**ll**e	nous appelons
tu appe**ll**es	vous appelez
il appe**ll**e	ils appe**ll**ent
ebenso: épeler, étiqueter, jeter, renouveler, se rappeler	

Verben auf **-e(...)er**: acheter	
j'ach**è**te	nous achetons
tu ach**è**tes	vous achetez
il ach**è**te	ils ach**è**tent
ebenso: amener, emmener, enlever, geler, lever, modeler, peler, peser, se promener, semer	

Verben auf **-é(...)er**: espérer	
j'esp**è**re	nous espérons
tu esp**è**res	vous espérez
il esp**è**re	ils esp**è**rent
ebenso: céder, exagérer, posséder, préférer, protéger, répéter, s'inquiéter	

Verben auf **-ger**: manger

je mange	nous mang**e**ons
tu manges	vous mangez
il mange	ils mangent

ebenso: changer, corriger, déranger, diriger, interroger, ranger, s'allonger

Verben auf **-cer**: commencer

je commence	nous commen**ç**ons
tu commences	vous commencez
il commence	ils commencent

ebenso: annoncer, avancer, lancer, prononcer, remplacer

Verben auf **-oyer**, **-uyer**, **-ayer**: nettoyer

je nettoie	nous nettoyons
tu nettoies	vous nettoyez
il nettoie	ils nettoient

ebenso: employer, essayer, essuyer, payer, s'ennuyer, se noyer, tutoyer

> **!** Bei den Verben auf **-ayer** sind zwei Schreibweisen möglich: je **paie** oder je **paye**

2. Verben auf -ir: Typ « finir » (2. Gruppe):

Verben auf **-ir**: finir

je finis	nous finissons
tu finis	vous finissez
il finit	ils finissent

ebenso: agir, choisir, nourrir, punir, ralentir, réagir, réfléchir, réussir, saisir

3. Unregelmäßige Verben (3. Gruppe):

> **Lerntipp:**
> Diese drei Verben sind besonders wichtig, da sie zur Bildung einiger anderer Zeiten benötigt werden.

avoir	être	aller
j'ai	je suis	je vais
tu as	tu es	tu vas
il/elle/on a	il/elle/on est	il/elle/on va
nous avons	nous sommes	nous allons
vous avez	vous êtes	vous allez
ils/elles ont	ils/elles sont	ils/elles vont

acquérir

j'acquiers	nous acquérons	<u>ebenso:</u> (re)conquérir,
il acquiert	ils acquièrent	requérir

s'asseoir

je m'assois	ns ns asseyons	<u>Impératif:</u> assieds-toi,
il s'assoit	ils s'assoient	asseyez-vous

battre

je bats	nous battons	<u>ebenso:</u> abattre,
il bat	ils battent	combattre

boire

je bois	nous buvons
il boit	ils boivent

conclure

je conclus	nous concluons	<u>ebenso:</u> exclure,
il conclut	ils concluent	inclure

conduire

je conduis	nous conduisons	<u>ebenso:</u> construire, cuire,
il conduit	ils conduisent	déduire, détruire, instruire,
		luire, nuire, produire, réduire,
		traduire

connaître

je connais	nous connaissons	<u>ebenso:</u> apparaître,
il connaît	ils connaissent	disparaître, paraître,
		reconnaître

courir

je cours	nous courons	<u>ebenso:</u> concourir, parcourir
il court	ils courent	

craindre

je crains	nous craignons	<u>ebenso:</u> contraindre,
il craint	ils craignent	plaindre, atteindre, éteindre,
		peindre, joindre, rejoindre

Ca. 200 französische Verben werden unregelmäßig konjugiert. Viele davon gehören zum Grundwortschatz!

croire

je crois	nous croyons
il croit	ils croient

devoir

je dois	nous devons
il doit	ils doivent

dire

je dis	nous disons	ebenso: contredire, interdire
tu dis	vous dites	
il dit	ils disent	

> **!** Aber: vous contre-disez, vous interdisez

dormir

je dors	nous dormons	ebenso: endormir
il dort	ils dorment	

écrire

j'écris	nous écrivons	ebenso: décrire, inscrire,
il écrit	ils écrivent	prescrire, souscrire,
		transcrire

faire

je fais	nous faisons	ebenso: défaire, satisfaire
tu fais	vous faites	
il fait	ils font	

falloir

il faut

lire

je lis	nous lisons	ebenso: élire, réélire, relire
il lit	ils lisent	

mentir

je mens	nous mentons	ebenso: (res)sentir, (re)partir,
il ment	ils mentent	sortir

mettre

je mets	nous mettons	ebenso: admettre, émettre,
il met	ils mettent	permettre, promettre,
		remettre, transmettre

mourir

je meurs	nous mourons	
il meurt	ils meurent	

mouvoir

je meus	nous mouvons	ebenso: émouvoir
il meut	ils meuvent	

naître

je nais	nous naissons	ebenso: renaître
il naît	ils naissent	

ouvrir

j'ouvre	nous ouvrons	ebenso: couvrir, découvrir,
il ouvre	ils ouvrent	offrir, souffrir, courir

plaire

je plais	nous plaisons	ebenso: déplaire
il plaît	ils plaisent	

pleuvoir

il pleut

pouvoir

je peux	nous pouvons
tu peux	vous pouvez
il peut	ils peuvent

prendre

je prends	nous prenons	ebenso: apprendre,
il prend	ils prennent	comprendre, entreprendre,
		reprendre, surprendre

recevoir		
je reçois	nous recevons	ebenso: apercevoir,
il reçoit	ils reçoivent	concevoir, décevoir,
		percevoir

rendre		
je rends	nous rendons	ebenso: attendre, défendre,
il rend	ils rendent	dépendre, descendre,
		détendre, entendre, étendre,
		pendre, prétendre, suspendre,
		vendre, répandre, confondre,
		correspondre, fondre,
		répondre, perdre, mordre,
		tordre, corrompre,
		interrompre, rompre

résoudre		
je résous	nous résolvons	ebenso: dissoudre
il résout	ils résolvent	

rire		
je ris	nous rions	ebenso: sourire
il rit	ils rient	

savoir		
je sais	nous savons	
il sait	ils savent	

servir		
je sers	nous servons	ebenso: desservir
il sert	ils servent	

suivre		
je suis	nous suivons	ebenso: poursuivre
il suit	ils suivent	

se taire		
je me tais	nous nous taisons	
il se tait	ils se taisent	

tenir

je tiens	nous tenons	ebenso: s'abstenir, apparte-
il tient	ils tiennent	nir, contenir, entretenir,
		maintenir, obtenir, convenir,
		devenir, intervenir, parvenir,
		prévenir, redevenir, retenir,
		revenir, soutenir, se souvenir,
		survenir, venir

vaincre

je vaincs	nous vainquons	ebenso: convaincre
il vainc	ils vainquent	

valoir

je vaux	nous valons	ebenso: équivaloir
il vaut	ils valent	

vivre

je vis	nous vivons	ebenso: survivre
il vit	ils vivent	

voir

je vois	nous voyons	ebenso: prévoir, revoir
il voit	ils voient	

vouloir

je veux	nous voulons	
il veut	ils veulent	

Présent

1. Setzen Sie die fehlenden Formen des Présent und des Infinitivs ein. *

a) tirer   je _tire_   nous _tirons_   ils _tirent_

b) _____   tu _____   nous épelons   elles _____

c) _____   je gèle   vous _____   ils _____

d) mener   elle _____   nous _____   ils _____

e) _____   je préfère   vous _____   elles _____

f) _____   je _____   tu places   nous _____

g) _____   on nage   nous _____   ils _____

h) envoyer   j' _____   nous _____   ils _____

i) _____   je réussis   vous _____   elles _____

j) _____   tu vends   nous _____   ils _____

k) croire   tu _____   nous _____   ils _____

l) _____   tu _____   nous sommes   ils _____

m) _____   tu _____   nous _____   ils ont

2. Ergänzen Sie die Sätze mit der fehlenden Form des Présent. **

a) Comme ils _ont_ faim, ils _mangent_ des fruits. (avoir / manger)

b) Quel jour _____-nous ? – On _____ le deux mars. (être / être)

c) Les gens, où est-ce qu'ils _____? – Ils _____ le parc

    pour mieux voir le feu d'artifice. (aller / traverser)

feu d'artifice –
Feuerwerk

d) _____-vous. (s'asseoir)

e) _____-moi ces blancs d'œufs en neige. (battre)

f) M. Dutour _____ un homme qui _____. (être / boire)

g) Vous _____ les légumes à feu doux. (cuire)

h) La maison _____ sous la verdure. (disparaître)

i) Il _____ un journal en cinq minutes. (parcourir)

j) Nous _____ la lumière à 22 heures. (éteindre)

k) Ils ne _____ pas en Dieu. (croire)

l) Vous _____ faire attention. (devoir)

m) Normalement nous _____ déjà à 10 heures. (dormir)

n) « falloir » _____ avec deux « l ». (s'écrire)

o) Il _____ les enfants en leur donnant ce qu'ils _____.

(satisfaire / vouloir)

p) La commune _____ les conseillers municipaux. (élire)

q) Elle ne _____ plus ses jambes. (sentir)

r) Je ne _____ pas qu'ils lisent toute la nuit. (permettre)

s) Elle _____ de rhumatismes. (souffrir)

t) Mon voisin _____ sur ses problèmes. (se taire)

3. Verbinden Sie die angegebenen Wörter zu einem Satz. Konjugieren Sie das Verb im Présent. ***

a) vous – apprendre – le français – depuis longtemps

  Vous apprenez le français depuis longtemps.

b) tous les jours – je – recevoir – une lettre de mon oncle

  _____

c) le magasin – vendre – tous les vêtements en solde

  _____

d) je – se souvenir – de madame Dutour

  _____

e) nous – vivre – une époque difficile

  _____

4. Setzen Sie die fehlenden Wörter ein.**

Un groupe de jeunes _____est_____ en train de discuter. (être)

Michel: Tu _____ cette phrase en allemand ? (me traduire)

Ahmed: Non, je _____. Cette traduction _____

  Je _____ un roman et je _____ de me parler

  tout le temps. (ne pas vouloir / ne pas plaire / lire / vous interdire)

Sabine: On _____ les autres pour boire un coup ? (rejoindre)

Présent

Ahmed: Je _____ mais je _____ de faim.

Peut-être que les autres _____ préparer un repas.

(ne pas avoir soif / mourir / vouloir)

Sabine: Je _____. Il _____ sans arrêt et

sûrement qu'ils _____ aujourd'hui. (ne pas croire /

pleuvoir / ne pas vouloir sortir)

Michel: Alors, qu'est-ce qu'on _____ maintenant ? (faire)

Sabine: Nous _____. Nous _____ au bar du coin.

Et là, nous _____ des sandwichs. (descendre / aller /

manger)

Ahmed: Voilà, pour une fois, tu _____ une bonne idée. Mais

j' _____ seulement à une condition : Je

_____ ton problème de traduction ! (avoir / accepter /

ne pas résoudre)

5. Was mache ich im Moment? Übersetzen Sie folgenden Text. **

a) Ich schreibe einen Brief an meinen Freund.

   J'écris une lettre à mon ami.

b) Er ist 25 Jahre alt.

   _____

c) Er studiert in Paris.

   _____

d) Er trinkt oft Rotwein.

   _____

e) Er lebt alleine.

   _____

Passé composé und Partizip Perfekt

1 Pascal a quitté Paris
il y a dix ans.

3 Il est venu
voir sa sœur.

2 Mais ce matin, je
l'ai revu dans la rue.

1. Pascal verließ vor zehn Jahren Paris. 2. Heute Morgen aber habe ich ihn auf der Straße gesehen. 3. Er ist gekommen, um seine Schwester zu sehen.

Bildung

Das Passé composé setzt sich aus dem Présent von **avoir** oder **être** und dem Partizip Perfekt zusammen.

j'	ai	dormi	**je**	suis	venu(e)
tu	as	dormi	**tu**	es	venu(e)
il	a	dormi	**il**	est	venu
elle	a	dormi	**elle**	est	venue
on	a	dormi	**on**	est	venu(e)(s)
nous	avons	dormi	**nous**	sommes	venu(e)s
vous	avez	dormi	**vous**	êtes	venu(e)s
ils	ont	dormi	**ils**	sont	venus
elles	ont	dormi	**elles**	sont	venues

1. Partizip Perfekt

Regelmäßige Formen:

Verben auf **-er:** ▶ **-é**

aim**é**, jet**é**, appel**é**, achet**é**, pel**é**, pes**é**, espér**é**, commenc**é**, mang**é**, appuy**é**, nettoy**é**, pay**é**, all**é**

Verben auf **-ir:** ▶ **-i**

fin**i**, dorm**i**, part**i**, ment**i**, serv**i**, sort**i**

Verben auf **-re**: ▶ **-u**
attend**u**, batt**u**, descend**u**, interromp**u**, perd**u**, rend**u**, vainc**u**

Wichtige unregelmäßige Formen

> Diese unregelmäßigen Partizipien gehören zum Grundwortschatz. Sie sollten sie deshalb gut anschauen!

eu	(avoir)	**assis**	(s'asseoir)
acquis	(acquérir)	**conclu**	(conclure)
bu	(boire)	**connu**	(connaître)
conduit	(conduire)	**craint**	(craindre)
couru	(courir)	**dû**	(devoir)
cru	(croire)	**écrit**	(écrire)
dit	(dire)	**fallu**	(falloir)
fait	(faire)	**mis**	(mettre)
lu	(lire)	**mû**	(mouvoir)
mort	(mourir)	**ouvert**	(ouvrir)
né	(naître)	**plu**	(pleuvoir)
plu	(plaire)	**pu**	(pouvoir)
pris	(prendre)	**résolu**	(résoudre)
reçu	(recevoir)	**su**	(savoir)
ri	(rire)	**suffi**	(suffire)
suivi	(suivre)	**tu**	(se taire)
tenu	(tenir)	**valu**	(valoir)
vécu	(vivre)	**venu**	(venir)
vu	(voir)	**voulu**	(vouloir)
été	(être)		

2. avoir oder être?

Das Passé composé wird entweder mit **avoir** oder mit **être** gebildet.
Die meisten Verben bilden das Passé composé mit **avoir**. Dies gilt auch
für die Verben **avoir** und **être** selbst.

> Hier, on **a dormi** jusqu'à neuf heures.
> Vers dix heures, on **a pris** le petit déjeuner.
> On **a** beaucoup **discuté**.
> Tout à coup, mon mari **a eu** peur.
> Ma fille **a été** à Paris et elle n'**a** pas **téléphoné** depuis trois jours.

> courir, marcher, nager, rouler, sauter, voler, voyager

Verben der Bewegungsart bilden, im Gegensatz zum Deutschen, das Passé
composé mit **avoir**.

> Nous **avons marché** toute la journée.
> Michel **a nagé** le 200 mètres.
> L'année dernière, j'**ai voyagé** beaucoup.

Verben der Bewegungsrichtung bilden das Passé composé mit **être**.

> Nous **sommes allés** en ville.
> On **est restés** jusqu'à cinq heures.
> Ensuite, on **est revenus** à l'hôtel.
> A six heures, mon frère **est venu**.
> Il **est entré** dans la chambre.
> Puis il **est tombé** par terre.

> aller, arriver, entrer, partir, rester, rentrer, tomber, venir, revenir

Einige Verben der Bewegungsrichtung werden je nach Bedeutung mit **avoir** oder **être** verbunden:
- mit **avoir**, wenn sie ein direktes Objekt haben (z. B. **les valises**, **le courrier**, **la voiture**).
- mit **être** in allen übrigen Fällen.

> descendre, monter rentrer, sortir

avoir	être
Elle **a descendu** les valises.	Elle **est descendue** dans la rue.
J'**ai monté** le courrier.	Je **suis monté** vers cinq heures.
Il **a rentré** la voiture au garage.	Il **est rentré** vers minuit.
Elle **a sorti** la voiture du garage.	Hier soir, ma fille **est sortie** avec un garçon.

Alle reflexiven Verben bilden das Passé composé mit **être**.

> Elle s'**est lavé** les mains.
> Elle s'**est adressée** à la vendeuse.

3. Veränderlichkeit des Partizips Perfekt

Passé composé mit **être**:

> Je suis arriv**é**(**e**) à sept heures.
> Tu es arriv**é**(**e**) à sept heures.
> Il est arriv**é** à sept heures.
> Elle est arriv**ée** à sept heures.
> On est arriv**é**(**e**)(**s**) à sept heures.
> Nous sommes arriv**é**(**e**)**s** à sept heures.
> Vous êtes arriv**é**(**e**)(**s**) à sept heures.
> Ils sont arriv**és** à sept heures.
> Elles sont arriv**ées** à sept heures.

> «On » kann für « tu », « il », « elle », « nous », « ils » oder « elles » stehen. Das Partizip ist entsprechend zu verändern.

Das mit **être** verbundene Partizip Perfekt richtet sich in Geschlecht und Zahl stets nach dem Subjekt.

> Bei reflexiven Verben gelten abweichende Regeln.

Passé composé und Partizip Perfekt

Passé composé mit **avoir**:

> J'ai passé **mes vacances** en France.
> Pendant quinze jours, j'ai visité **des villes**.
> J'ai pris **beaucoup de photos**.

Das mit **avoir** verbundene Partizip Perfekt wird in Geschlecht und Zahl nicht verändert, wenn das direkte Objekt dem Verb <u>folgt</u>.

> Direkte Objekte erkennt man daran, dass ihnen keine Präposition (à, de) voransteht.

Es wird nur dann verändert, wenn dem Verb ein direktes Objekt <u>vorausgeht</u> (in Form von **que**, **la**, **les**, **combien de** etc.).

> Les vacances **que** j'ai pass**ées** ont été magnifiques.
> Quand est-ce que tu as visité les villes de France ?
> – Je **les** ai visit**ées** pendant les vacances.
> **Combien de photos** est-ce que tu as pris**es** ?

! Achtung, nach leur und lui wird das Partizip Perfekt nicht angepasst, weil leur und lui indirekte Objekte (wem?) sind.

Passé composé **reflexiver Verben**:

> Nous nous sommes lavé les mains.
> Elle s'est acheté une maison.

Das Partizip wird nicht verändert, wenn ihm ein direktes Objekt <u>folgt</u> (z. B. **les mains**, **une maison**). Das vorangestellte Reflexivpronomen ist dann automatisch indirektes Objekt.

Ist das Reflexivpronomen direktes Objekt, so wird das Partizip jedoch verändert. Ein Reflexivpronomen kann nur dann direktes Objekt sein, wenn dem Partizip Perfekt kein direktes Objekt folgt.

s'évanouir –
ohnmächtig werden
se rendre à –
sich begeben nach

> Ils se sont lav**és**.
> Elle s'est évanou**ie**.
> Nous nous sommes lev**és** à sept heures.
> Elles se sont rendu**es** à Marseille.

Einige Verben, die ein indirektes Objekt mit **à** anschließen, können auch reflexiv mit **se** benutzt werden. Dann ist das Reflexivpronomen ein indirektes Objekt (wem?), und das Partizip Perfekt wird daher nicht verändert.

se parler – *miteinander sprechen* (parler à qn)
s'écrire – *sich (gegenseitig) schreiben* (écrire à qn)

> Le chancelier et le président de la République ne se sont pas parlé depuis longtemps.
> Moi et mon frère, nous nous sommes écrit pendant toute notre vie.

Gebrauch

Un jour, le facteur **est venu** avec une lettre.
Il **a donné** la lettre à mon père.
D'abord, mon père **a ouvert** la lettre, puis
il nous **a regardés** et il s'**est évanoui**.

Das Passé composé beschreibt Ereignisse, die zeitlich begrenzt sind.
Ein Ereignis folgt dem anderen. Man kann hier folgende Fragen stellen: „Was geschah damals?" - „Und dann?" - „Und dann?"

J'**ai passé** mon bac il y a deux mois.
J'**ai vu** Nicole mardi dernier.

Das Passé composé beschreibt zeitlich begrenzte Ereignisse, deren
Folgen bis in die Gegenwart reichen.

Passé composé und Partizip Perfekt

1. Ordnen Sie die Infinitive den beiden Gruppen zu: Passé composé mit **avoir** oder mit **être**. *

aller, venir, vendre, offrir, être, courir, se taire, pouvoir, pleuvoir, rire, tomber, devoir, voyager, arriver, se rendre, s'offrir, rentrer, se dire

Infinitiv	Passé composé mit **avoir**
_____	_____
_____	_____
_____	_____
_____	_____
_____	_____
_____	_____
_____	_____
_____	_____
_____	_____

Infinitiv	Passe composé mit **être**
_____	_____
_____	_____
_____	_____
_____	_____
_____	_____
_____	_____
_____	_____
_____	_____

2. Ein Mann ist nach Hause gekommen und geht seinem gewohnten
Ablauf nach. Ersetzen Sie die Infinitive durch die richtigen Formen des
Passé composé. ＊＊

a) Un Monsieur – rentrer à la maison.

  Un monsieur est rentré à la maison.

b) D'abord, il – s'asseoir dans un fauteuil.

c) Il – prendre le journal et il le – lire.

d) Il – commencer à faire son ménage.

e) En faisant les vitres, il – tomber par terre. Mais il – se mettre debout.

f) Il – marcher un peu puis il – descendre sa valise du grenier.

g) Il – appeler un taxi. 20 minutes plus tard, il – venir.

h) Le monsieur – monter dans le taxi. Et la voiture – rouler.

i) Devant un immeuble, il – ouvrir la porte de la voiture.

j) Puis le monsieur – descendre du taxi et – aller à l'hôpital.

k) Un médecin – arriver. Il – dire bonjour au monsieur.

l) Il l' – examiner.

m) Puis le monsieur – partir. Mais devant l'hôpital, il – retomber.

Passé composé und Partizip Perfekt

3. Setzen Sie die Geschichte in die Vergangenheit. Verwenden Sie dabei das Passé composé. Achten Sie auf die Endungen des Partizips. **

a) Un monsieur fait un voyage avec sa femme.

   <u>Un monsieur a fait un voyage avec sa femme.</u>

b) Dans un supermarché, il s'achète un paquet de biscuits. Il les mange.

   _____

   _____

c) Ensuite, il va à une station service et prend 50 litres de super sans plomb.

   _____

   _____

d) Puis, le monsieur et sa femme se promènent dans le champs de maïs d'à côté.

   _____

   _____

e) Ils continuent le voyage. Le monsieur conduit sans arrêt.

   _____

   _____

f) Trois heures plus tard, il a faim. Puis, il lit sur une enseigne : « Chez les Belges ».

   _____

   _____

   _____

g) Le monsieur et sa femme entrent dans ce restaurant.

   _____

h) Une dame vient. Elle leur montre une table à deux.

   _____

   _____

i) Les deux prennent place.

   _____

j) La dame arrive avec la carte. Elle la leur donne.

   _____

k) Le monsieur ouvre la carte, mais rien ne lui plaît.

_____

l) Il jette la carte par terre.

_____

n) Les deux descendent l'escalier et quittent le restaurant sans avoir
    dit au revoir.

_____

_____

o) La dame se tait. Puis elle rit.

_____

p) Le monsieur et sa femme montent dans la voiture et partent sans
    avoir rien mangé.

_____

_____

Imparfait

1. Il était une fois un vieil homme.

2. Tous les jours, il allait dans un parc pour promener son chien.

---

1. Es war einmal ein alter Mann. 2. Er ging jeden Tag mit seinem Hund in einem Park spazieren.

Bildung

Das **Imparfait** wird aus dem Stamm der 1. Person Plural des **Présent** gebildet. An diesen Stamm hängt man die entsprechenden Endungen an:

nous **fais**ons ▶	je fais**ais** tu fais**ais** il/elle/on fais**ait** nous fais**ions** vous fais**iez** ils/elles fais**aient**

Alle Verben bilden das **Imparfait** nach dieser Regel.

Einzige Ausnahme: être. Es bildet das **Imparfait** mit dem Stamm **ét-**:

j'étais	nous étions
tu étais	vous étiez
il était	ils étaient

Gebrauch

Das Imparfait beschreibt eine frühere Gewohnheit oder einen früheren Zustand.

Autrefois, les gens **allaient** à l'église.
Les enfants **jouaient** dans la cour.
Tous les soirs, on se **mettait** au lit très tôt.

Das Imparfait gibt Antwort auf die Fragen:
„Wie war es früher?" – „Was war die ganze Zeit schon?"
„Was machten die Menschen gewöhnlich?"

A six heures, il **faisait** jour.
Les oiseaux **chantaient**.

Was war um 6 Uhr? Es war hell, und die Vögel sangen.

Das Imparfait bringt hier nicht zum Ausdruck, dass es um 6 Uhr hell <u>wurde</u>, sondern vielmehr, dass es bereits hell <u>war</u>. Die Vögel sangen schon. Sie begannen ihren Gesang vielleicht schon um 5 Uhr.

Si j'**étais** riche, je vivrais en Espagne.
Si je **gagnais** au loto, je m'achèterais une belle maison.

▶ Zu den Si-Sätzen vgl. ab S. 131

Ist die Erfüllung einer Bedingung unwahrscheinlich, steht im **si**-Satz das Imparfait.

Passé composé oder Imparfait?

Quand j'étais à Paris, j'ai visité la tour Eiffel.

Als ich in Paris war, habe ich den Eiffelturm besichtigt.

Während das **Passé composé** bei Ereignissen steht, die eine Handlungskette bilden (Szenen im Vordergrund), benützt man das **Imparfait** für die Darstellung der Begleitumstände einer Handlung (Hintergrund).

J'**étais** dans la rue quand la police **est venue**.

Was war die ganze Zeit schon?   *Ich war auf der Straße.*
Und was geschah dann?   *Die Polizei kam.*

Passé composé oder Imparfait?

Quand j'**étais** dans la rue, je **regardais** les gens. Tout à coup la police **est venue**.

Was war die ganze Zeit?	*Ich war auf der Straße und schaute die Leute an.*
Was geschah dann?	*Die Polizei kam.*

se sauver – *abhauen*

Quand la police **est venue**, un homme **s'est sauvé**.

Was geschah?	*Die Polizei kam.*
Und dann?	*Ein Mann rannte weg.*

J'**ai sorti** de mon sac à dos le plan de la ville parce que je **voulais** trouver la rue Gambetta.

Was geschah?	*Ich holte den Stadtplan aus meinem Rucksack.*
Was war die ganze Zeit schon?	*Ich wollte die rue Gambetta finden.*

J'**ai sorti** de mon sac à dos le plan de la ville que j'**ai montré** à un passant.

Was geschah?	*Ich holte den Stadtplan aus meinem Rucksack.*
Und was geschah dann?	*Ich zeigte ihn einem Passanten.*

Comme il **pleuvait** sans arrêt, nous **sommes allés** dans un café.

Was war die ganze Zeit schon?	*Es regnete andauernd.*
Und was geschah?	*Wir gingen in eine Kneipe.*

une gifle – *Ohrfeige*

Comme j'**ai dit** «idiot» à ce passant, il m'**a donné** une gifle.

Was geschah?	*Ich sagte „Idiot" zu ihm.*
Und was geschah dann?	*Er klebte mir eine.*

Quand j'**étais** à Paris, j'**allais** au cinéma.

Was machte ich gewöhnlich?	*Jedes Mal wenn ich in Paris war, ging ich ins Kino.*

Quand j'**étais** à Paris, je **suis allé** au cinéma.

Was war die ganze Zeit schon?	*Ich war in Paris.*
Und was geschah?	*Ich ging (einmal) ins Kino.*

vgl. „Gestern war ich im Kino." bzw. „Gestern bin ich im Kino gewesen."

Sowohl Passé composé als auch Imparfait werden in der deutschen Schriftsprache oft mit dem Präteritum oder Perfekt übersetzt. Das Deutsche unterscheidet hier nicht so streng.

1. Setzen Sie die passenden Formen des Imparfait ein.*

a) A six heures du matin, il __faisait__ jour. Les oiseaux _____

déjà. (faire / chanter)

b) La maison d'en face _____ au soleil. (luire)   luire – *glänzen*

c) Comme il ne _____ pas en cette période d'été, les arbres

_____ soif. Les feuilles se _____ à la chaleur.

(pleuvoir / avoir / recroqueviller)   recroqueviller – *welken*

d) Le vent chaud du sud _____ toute la végétation. Elle

_____ grise. (dessécher / être)   dessécher – *austrocknen*

e) Les paysans ne _____ plus d'eau des puits. (tirer)   puits – *Brunnen*

f) Tout le monde _____ la même question : Si la pluie ne

_____ pas bientôt, la végétation serait morte. (se poser /

revenir)

g) Les gens ne _____ plus dormir la nuit, tellement il

_____ chaud. (pouvoir / faire)

h) Dans la journée, on n' _____ pas de cris d'enfants. Ils ne

_____ plus. (entendre / jouer)

i) Mais moi, j' _____ cette période estivale. Je ne   estivale – *sommerlich*

_____ pas. (aimer / se plaindre)

j) Ma femme et moi, nous _____ de ce temps splendide.

Nous _____ à l'ombre pour bouquiner toute la   bouquiner – *schmökern*

journée. On _____ jusqu'à la rentrée. (profiter / s'installer /

se reposer)

Imparfait

2. Entscheiden Sie, ob das Passé composé oder das Imparfait einzusetzen ist. ***

a) Chaque matin, Nathalie _se levait_ à six heures. Lundi dernier,

elle _____ à dix heures seulement. (se lever / se lever)

b) A Paris, il _____ très chaud. On _____ dans

un café pour boire quelque chose. (faire / aller)

c) D'abord, Monsieur Dutour _____ une bière, puis

il _____ le menu à 25 euros et une carafe de vin rouge,

il _____ et ensuite, il _____ .

(boire / commander / manger / payer)

d) Monsieur Rocher _____ dans la rue de l'Eglise quand

il _____ sa femme. (faire des achats / voir)

e) Pendant toute sa vie, Yvonne _____ au bois de

Vincennes. Un jour, elle y _____ un accident grave.

(se promener / voir)

f) Toute la famille _____ très soif. Ils _____

une heure pour les boissons. (avoir / attendre)

g) Pendant qu'il _____ le repas, quelqu'un

_____ à la porte. (préparer / frapper)

h) D'abord les copains _____ au cinéma, puis ils

_____ un verre dans un café. (aller / prendre)

i) Je _____ dans la maison et je _____ le

ménage quand les invités _____ . (être / faire / venir)

j) Tous les jours elle se _____ les dents mais ce jour-là, elle

_____ de le faire. (brosser / oublier)

brosser les dents –
Zähne putzen

Plus-que-parfait

1 Tu as pu parler à Romain?

2 Non, quand je suis arrivé, il était déjà parti.

1. Konntest du mit Romain reden? 2. Nein, als ich ankam, war er schon gegangen.

Bildung

Das Plus-que-parfait setzt sich aus dem Imparfait von **avoir** oder **être** und dem Partizip Perfekt zusammen.

▶ Zur Bildung mit avoir oder être vgl. Passé composé ab S. 84

j'	**avais**	**travaillé**	nous	**avions**	**travaillé**
tu	**avais**	**travaillé**	vous	**aviez**	**travaillé**
il	**avait**	**travaillé**	ils	**avaient**	**travaillé**
elle	**avait**	**travaillé**	elles	**avaient**	**travaillé**
on	**avait**	**travaillé**			

Gebrauch

Hier, j'ai vu un oiseau que je n'**avais** jamais **vu** avant.
J'étais content quand le travail **était fini**.

Das Plus-que-parfait steht für Ereignisse, die noch vor einem anderen Geschehen in der Vergangenheit lagen.

Das Plus-que-parfait wird häufig durch **quand** oder **après que** eingeleitet.

Quand elle **était rentrée** de son travail, elle préparait le dîner.

In Verbindung mit einem Hauptsatz im Imparfait steht das Plus-queparfait für sich wiederholende Ereignisse der Vergangenheit.

Si j'**avais voulu**, j'aurais terminé le travail.

▶ Zu den Si-Sätzen vgl. ab S. 131

Kann eine Bedingung nicht mehr erfüllt werden, steht im si-Satz immer das Plus-que-parfait.

Plus-que-parfait

1. Bilden Sie das Plus-que-parfait aus folgenden Infinitiven. *

a) avoir (je)   j'avais eu

b) vivre (il)   _____

c) rire (nous)   _____

d) voir (elles)   _____

e) mettre (tu)   _____

f) vouloir (je)   _____

g) aller (elle)   _____

h) prendre (ils)   _____

i) venir (elles)   _____

j) savoir (vous)   _____

k) faire (je)   _____

l) dire (vous)   _____

m) tomber (tu)   _____

n) vaincre (je)   _____

o) dormir (ils)   _____

p) vivre (elle)   _____

q) naître (il)   _____

r) recevoir (je)   _____

s) pouvoir (tu)   _____

t) tomber (ils)   _____

u) arriver (elle)   _____

v) être (elles)   _____

w) avoir (je)   _____

x) rester (elle)   _____

2. Setzen Sie das Plus-que-parfait ein. *

la veille – *Vortag*

a) Mon amie __était partie__ la veille. (partir)

b) Elle _____ la voiture. (prendre)

c) Elle _____ une lettre de son patron. (recevoir)

d) Il l' _____ dehors. (jeter)

3. Setzen Sie die entsprechenden Formen des Passé composé, Imparfait oder Plus-que-parfait ein. ***

a) Dimanche dernier, nous _avons pris_ le train pour rentrer des

vacances (prendre).

b) Dans le train, nous _____ la connaissance d'un couple

suisse. (faire).

c) Nous _____ épuisés et fatigués mais ils nous _____

tous les détails (être/raconter).

d) Ils avaient parti leurs vacances en Italie (passer).

e) D'abord, ils _____ la capitale (visiter).

f) Le Colisée et les musées vaticans les _____ le plus

(impressionner).

g) Puis, ils _____ à Venise (aller).

h) Là, ils _____ une promenade en gondole (faire).

i) Quand le gondolier _____, ils _____ peur

(tourner/avoir).

j) L'après-midi, ils _____ pour Vérone (partir).

k) Aux arènes, ils _____ à l'opéra Aida (assister).

l) Pendant tout le voyage en train, ils _____ de nous

expliquer les détails (ne pas arrêter).

m) Puis, nous _____ au revoir et nous nous _____

dans un autre compartiment (dire/installer).

n) Là, nous _____ le calme (trouver).

o) Mais les Suisses nous _____ et les explications

_____ (retrouver/continuer).

Passé simple

1 Le jour **fut**.

2 Les animaux **eurent** soif.

3 Puis, ils **firent** du bruit.

1. Es wurde Tag. 2. Die Tiere bekamen Durst. 3. Dann machten sie Lärm.

Sie brauchen die Formen des Passé simple nicht aktiv zu beherrschen. Es genügt sie in Texten zu erkennen.

Endungen des Passé simple

	Verben auf **–er**	Verben auf **–ir**	Verben auf **–dre**
je	regard**ai**	fin**is**	rend**is**
tu	regard**as**	fin**is**	rend**is**
il/elle/on	regard**a**	fin**it**	rend**it**
nous	regard**âmes**	fin**îmes**	rend**îmes**
vous	regard**âtes**	fin**îtes**	rend**îtes**
ils/elles	regard**èrent**	fin**irent**	rend**irent**

Die 3. Person Singular und Plural sind die am häufigsten verwendeten Formen des Passé simple.

Wichtige unregelmäßige Formen in der 3. Person

être	**il fut**	**ils furent**
avoir	**il eut**	**ils eurent**
boire	**il but**	**ils burent**
croire	**il crut**	**ils crurent**
devoir	**il dut**	**ils durent**
dire	**il dit**	**ils dirent**
écrire	**il écrivit**	**ils écrivirent**
faire	**il fit**	**ils firent**
lire	**il lut**	**ils lurent**
mettre	**il mit**	**ils mirent**
pouvoir	**il put**	**ils purent**
rire	**il rit**	**ils rirent**
savoir	**il sut**	**ils surent**

venir	**il vint**	**ils vinrent**
voir	**il vit**	**ils virent**
vouloir	**il voulut**	**ils voulurent**

Gebrauch

Das Passé simple gehört fast ausschließlich der Schriftsprache an. Man findet es in erzählenden und historischen Texten. Dabei sind die Formen der 3. Person Singular und Plural am häufigsten anzutreffen. Ansonsten besitzt das Passé simple die gleiche Funktion wie das Passé composé.

In der Journalistensprache trifft man gelegentlich auf die Passé Simple-Formen von avoir (« **il eut**/**ils eurent** ») und être (« **il fut**/**ils furent** »).

Passé simple

1. Ersetzen Sie die Formen des Passé simple durch das Passé composé. **

a) Ce jour-là, un cheval **sortit** de l'étable.

Ce jour-là, un cheval _est sorti_ de l'étable.

b) Il **but** de l'eau dans un abreuvoir.

Il _____ de l'eau dans un abreuvoir.

c) Il se **mit** à hennir et **fit** un saut.

Il _____ à hennir et _____ un saut.

d) Il **dit** bonjour à une vache, mais la vache ne lui **répondit** pas.

Il _____ bonjour à une vache, mais la vache _____.

e) Le cheval **se fâcha** et la vache **eut** peur.

Le cheval _____ et la vache _____ peur.

f) Puis ils **lurent** sur un panneau : « Il est interdit de parler. »

Puis ils _____ sur un panneau : « Il est interdit de parler. »

g) Les deux se **regardèrent** et **rirent**.

Les deux _____ et _____.

h) À partir de ce moment-là, ils **surent** qu'il y avait des hommes.

À partir de ce moment-là, ils _____ qu'il y a des hommes.

i) Puis, les deux **s'en allèrent** et **s'installèrent** dans un pré lointain.

Puis, les deux _____ et _____ dans un pré lointain.

j) Un jour, un homme **vint** et **vit** les deux animaux dans le pré.

Un homme _____ et _____ les deux animaux dans le pré.

k) Il **voulut** savoir pourquoi les deux animaux étaient devenus des amis.

Il _____ savoir pourquoi les deux animaux étaient devenus des amis.

> ▶ Zum Gebrauch des Passé composé und zum Zusammenspiel von Passé composé und Imparfait siehe Seite 87 und 93

l'abreuvoir – *Wassertrog*
hennir – *wiehern*

se fâcher –
wütend werden

Futur simple

> 1 Dans quinze jours,
> je partirai
> pour l'Espagne.

> 2 Je me reposerai
> au soleil.

1. In vierzehn Tagen werde ich nach Spanien fahren. 2. Ich werde mich in der Sonne erholen.

Bildung

1. Endungen

Die Endungen des Futur simple sind bei allen Verben regelmäßig.

Je cherche**rai**	nous chercher**ons**
tu chercher**as**	vous chercher**ez**
il chercher**a**	ils chercher**ont**
elle chercher**a**	elles chercher**ont**
on chercher**a**	

2. Ableitungen

– regelmäßige Ableitung bei Verben auf **-er**:

Der größte Teil der Verbgruppen auf **-er** bildet das Futur simple so:
Man hängt an die 1. Person Singular des Présent die entsprechenden Futur-Endungen an.

j'achète	▶ j'achète**rai**	je jette	▶ je jette**rai**
j'aime	▶ j'aime**rai**	je mange	▶ je mange**rai**
j'appelle	▶ j'appelle**rai**	je nettoie	▶ je nettoie**rai**
j'appuie	▶ j'appuie**rai**	je paie	▶ je paie**rai**
j'épelle	▶ je épelle**rai**	je pèse	▶ je pèse**rai**
j'essaie	▶ j'essaie**rai**	je place	▶ je place**rai**
je change	▶ je change**rai**	je prononce	▶ je prononce**rai**
je commence	▶ je commence**rai**		

Futur simple

– unregelmäßige Ableitung bei Verben auf **-er**:

Bei den Verben der Gruppe **-é**(...)**er** hängt man die entsprechenden Endungen des Futur simple an den Infinitivstamm, also an den Infinitiv ohne **-r-** (espére-rai) an.

assiéger	▶ j'assiége**rai**	exagérer	▶ j'exagére**rai**
céder	▶ je céde**rai**	posséder	▶ je posséde**rai**
compléter	▶ je compléte**rai**	préférer	▶ je préfére**rai**
espérer	▶ j'espére**rai**	répéter	▶ je répéte**rai**

Die Verben **aller** und **envoyer** besitzen unregelmäßige Futurstämme.

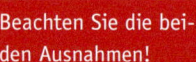
Beachten Sie die beiden Ausnahmen!

aller	▶ j'i**rai**
envoyer	▶ j'enver**rai**

– regelmäßige Ableitung bei Verben auf **-ir** und **-re**:

Bei den meisten Verbgruppen auf **-ir** und **-re** hängt man die entsprechenden Endungen des Futur simple an den Infinitivstamm an (fini-rai, rend-rai).

atteindre	▶ j'atteind**rai**	mettre	▶ je mett**rai**
battre	▶ je batt**rai**	naître	▶ je naît**rai**
boire	▶ je boi**rai**	offrir	▶ j'offri**rai**
bouillir	▶ je bouilli**rai**	ouvrir	▶ j'ouvri**rai**
choisir	▶ je choisi**rai**	peindre	▶ je peind**rai**
conclure	▶ je conclu**rai**	plaindre	▶ je plaind**rai**
connaître	▶ je connaît**rai**	plaire	▶ je plai**rai**
construire	▶ je construi**rai**	prendre	▶ je prend**rai**
coudre	▶ je coud**rai**	ralentir	▶ je ralenti**rai**
couvrir	▶ je couvri**rai**	rendre	▶ je rend**rai**
craindre	▶ je craind**rai**	réussir	▶ je réussi**rai**
croire	▶ je croi**rai**	rire	▶ je ri**rai**
dire	▶ je di**rai**	sentir	▶ je senti**rai**
dormir	▶ je dormi**rai**	servir	▶ je servi**rai**
écrire	▶ j'écri**rai**	sortir	▶ je sorti**rai**
finir	▶ je fini**rai**	suivre	▶ je suiv**rai**
fuir	▶ je fui**rai**	traduire	▶ je tradui**rai**
joindre	▶ je joind**rai**	vivre	▶ je viv**rai**
lire	▶ je li**rai**		

– unregelmäßige Futurstämme:

acquérir	▶ j'acquer**rai**	falloir	▶ il faud**ra**
aller	▶ j'i**rai**	mourir	▶ je mour**rai**
apercevoir	▶ j'apercev**rai**	mouvoir	▶ je mouv**rai**
asseoir	▶ j'assié**rai**	pleuvoir	▶ il pleuv**ra**
avoir	▶ j'au**rai**	pouvoir	▶ je pour**rai**
conquérir	▶ je conquer**rai**	recevoir	▶ je recev**rai**
courir	▶ je cour**rai**	savoir	▶ je sau**rai**
décevoir	▶ je décev**rai**	se souvenir	▶ je me souvien**drai**
devenir	▶ je devien**drai**	tenir	▶ je tien**drai**
devoir	▶ je dev**rai**	valoir	▶ il vau**drai**
envoyer	▶ j'enver**rai**	venir	▶ je vien**drai**
être	▶ je se**rai**	voir	▶ je ver**rai**
faire	▶ je fe**rai**	vouloir	▶ je vou**drai**

Gebrauch

Je vous **rendrai** votre argent la semaine prochaine.
Votre mari **sera** un avocat réputé.

■ Das Futur simple steht für zukünftige Ereignisse.
Im Deutschen steht hier häufig auch das Präsens.
(„Ich werde Ihnen das Geld nächste Woche zurückgeben." –
„Ich gebe Ihnen das Geld nächste Woche zurück.")

▶ Zum Gebrauch des Présent zum Ausdruck der Zukunft siehe Seite 72

Nous espérons que vous **trouverez** notre hôtel facilement.

■ Nach Ausdrücken, die in die Zukunft weisen, wie z. B. nach espérer, steht im Französischen das Futur simple häufiger als im Deutschen.

Si tu vas en Bretagne l'année prochaine, tu **diras** bonjour à madame Legrand.

▶ Si-Sätze, vgl. ab S. 131

■ Kann die Bedingung eines **si**-Satzes möglicherweise erfüllt werden, steht im Hauptsatz entweder das Présent oder das Futur simple.

Futur composé

1. Morgen kaufe ich ein Auto. 2. Du wirst doch nicht unser ganzes Geld ausgeben?

Bildung

Das Futur composé wird gebildet aus dem Präsens des Verbs **aller** und einem entsprechenden Infinitiv.

je	**vais**	**partir**	nous	**allons**	**partir**
tu	**vas**	**partir**	vous	**allez**	**partir**
il/elle/on	**va**	**partir**	ils/elles	**vont**	**partir**

Gebrauch

Qu'est-ce que tu **vas faire** à Paris ? – Je **vais** me **promener** toute la journée.

■ Das Futur composé steht für zukünftige Ereignisse. Meistens kann es durch eine Form des Futur simple ersetzt werden.

Futur simple und Futur composé

J'espère qu'il ne **va** pas **pleuvoir**.
Demain, il ne **pleuvra** pas.

Das Futur composé wird stärker in der gesprochenen Sprache, das Futur simple sowohl in der geschriebenen als auch in der gesprochenen Sprache benutzt.

Qu'est-ce qu'on **va faire** maintenant ?
– Je **vais** vous **préparer** un bon repas.

Das Futur composé steht für eine nahe, unmittelbare Zukunft (in Verbindung mit **maintenant** oder **tout de suite**) oder drückt eine Absicht aus.

Im Deutschen steht für zukünftige Ereignisse oft das Präsens, im Französischen jedoch seltener.

▶ Zum Gebrauch des Présent vgl. Seite 72

Futur simple und Futur composé

1. Der Jugendliche Olivier denkt über seine Zukunft nach. Was wird in ein paar Jahren sein?
Transformieren Sie den Text, indem Sie die Präsens-Formen durch die passenden Formen des Futur simple ersetzen. *

a) Je __ferai__ mes études à l'université de Toulouse. (faire)

b) Je _____ médecin. (devenir)

c) J'_____ une femme. (avoir)

d) Ma femme et moi, nous _____ des enfants. (avoir)

e) Je _____ dans un hôpital. (travailler)

f) Nous _____ tous les deux de nos enfants. (s'occuper)

g) Nous _____ une maison à la campagne.

   (faire construire)

h) Nos enfants _____ dans la cour. (jouer)

i) Je _____ mes grands-parents tous les dimanches. (voir)

j) Je _____ beaucoup d'argent. (posséder)

k) En été, nous _____ en vacances sur la côte d'Azur. (aller)

l) Je _____ du sport et j' _____ à faire de la planche à voile.

   (pratiquer / apprendre)

m) Il ne _____ pas et sur la plage, on _____ pendant des

   heures. (pleuvoir / lire)

n) Le soir, on _____ le dîner dans un petit restaurant. (prendre)

o) Nous _____ des cartes postales à nos amis. (envoyer)

2. Formen Sie die Sätze vom Futur simple ins Futur composé um. *

a) Je commencerai à apprendre le français en avril.

   __Je vais commencer à apprendre le français en avril.__

b) Tu diras bonjour à ta mère.

   _____

c) A partir de demain, tu ne boiras plus.

   _____

d) A la montagne, nous dormirons bien.

_____

e) Vous reviendrez l'année prochaine ?

_____

f) Demain soir, on parlera du nouveau film.

_____

g) Est-ce que nous ferons du ski pendant les vacances ?

_____

h) J'espère qu'il ne pleuvra pas demain.

_____

i) Ma fille sera une grande actrice.

_____

j) Vous regarderez un film samedi prochain ?

_____

---

3. Formen Sie die Sätze um. Verwenden Sie dabei das Futur simple und die Verneinung mit **ne... plus**. **

a) L'année dernière, nous avons passé nos vacances dans les Alpes.

 Mais nous ne passerons plus nos vacances dans les Alpes.

b) On allait à Chamonix depuis dix ans.

_____

c) On prenait toujours une chambre à l'hôtel.

_____

d) Cette fois-ci, nous avons dormi dans une petite chambre.

_____

e) Je m'ennuyais sur la piste.

_____

s'ennuyer –
sich langweilen

f) J'ai envoyé des cartes postales à nos amis. Je les ai tenu au courant.

_____

_____

tenir qn au courant –
*jdn auf dem Laufenden
halten*

s'installer au comptoir – *sich an die Bar setzen/ stellen*

g) Tous les soirs mon mari buvait au bar. Il s'installait souvent au comptoir.

_____

_____

avoir sommeil – *müde sein*

h) Moi, j'étais fatiguée. J'avais sommeil.

_____

i) Un jour, j'ai vu une photo de mon mari dans un journal.

_____

faire semblant de faire qch – *so tun als ob*

j) J'ai fait semblant de ne rien voir.

_____

tromper qn – *jdn betrügen*

k) Il m'avait trompé.

_____

l) Sur la photo, on voyait mon mari avec une autre femme.

_____

Futur antérieur

1 Dès que j'**aurai passé** le bac, je partirai aux Etats-Unis.

2 Dès que je **serai arrivé**, je te passerai un message.

1. Sobald ich das Abitur bestanden haben werde, werde ich in die USA fahren.
2. Sobald ich angekommen sein werde, werde ich dir eine Mail schicken.

Bildung

Das Futur antérieur wird gebildet aus dem Futur simple von **avoir** bzw. **être** und dem Partizip Perfekt.

j'	aurai	préparé	nous	aurons	préparé
tu	auras	préparé	vous	aurez	préparé
il	aura	préparé	ils	auront	préparé
elle	aura	préparé	elles	auront	préparé
on	aura	préparé			

▶ Zur Bildung und Veränderlichkeit des Partizips Perfekt und zum Gebrauch von avoir oder être siehe Passé composé, ab S. 83

Gebrauch

Il est dix heures. A midi, mon mari **aura préparé** le repas.

Man verwendet das Futur antérieur für ein zukünftiges Geschehen (« préparer le repas »), das noch <u>vor</u> einem zukünftigen Zeitpunkt (« à midi ») beendet sein wird.

Quand nous **aurons déjeuné**, il fera la vaisselle.

Man verwendet das Futur antérieur auch für ein zukünftiges Geschehen (« déjeuner »), das bereits vor einem anderen zukünftigen Geschehen (« faire la vaiselle ») abgeschlossen sein wird.

Futur antérieur

1. Familie Floret wird einen anstrengenden Tag haben. Ergänzen Sie folgenden Text mit dem jeweils vorangegangenen Verb. **

faire la lessive –
(Wäsche) *waschen*

le sèche-linge –
Wäschetrockner

passer l'aspirateur –
staubsaugen

le carrelage – *Steinboden*

faire les vitres – *Fenster putzen*

faire les courses –
einkaufen

faire du footing –
walken

a) Quand mon mari aura fait la vaisselle, il fera une lessive.

b) Quand il ___aura fait___ la lessive, il mettra le linge au sèche-linge.

c) Quand il _____ le linge au sèche-linge, il passera l'aspirateur.

d) Quand il _____ l'aspirateur, il repassera.

e) Quand il _____ , il nettoiera le carrelage de la cuisine.

f) Quand il _____ le carrelage de la cuisine, il fera les vitres.

g) Quand il _____ les vitres, il ira en ville pour faire les courses.

h) Quand il _____ en ville pour faire les courses, il sortira notre chien.

i) Quand il _____ notre chien, il fera un footing.

j) Quand il _____ fait un footing, il se promènera avec les enfants.

k) Quand il _____ avec les enfants, il rentrera à la maison.

l) Quand il _____ à la maison, il se mettra un peu au lit.

m) Quand il _____ un peu au lit, je reviendrai du bureau.

n) Quand je _____ du bureau, on se préparera pour sortir.

o) Quand on _____ pour sortir, on ira au cinéma.

p) Quand on _____ au cinéma, on dansera dans une boîte.

q) Quand on _____ dans une boîte, on prendra un petit repas.

r) Quand on _____ un petit repas, on retrera chez nous.

s) Quand on _____ chez nous, on se couchera.

t) Quand on _____ , on se réveillera pour une nouvelle journée bien fatigante.

Conditionnel présent

« Nous aimerions venir, mais mon mari est en voyage d'affaires. Il m'a dit qu'il reviendrait demain. »

Wir würden gerne kommen, aber mein Mann ist auf Geschäftsreise. Er hat mir gesagt, dass er morgen zurückkommen würde.

Bildung

1. Endungen

j'	aime**rais**	nous	aime**rions**
tu	aime**rais**	vous	aime**riez**
il	aime**rait**	ils	aime**raient**
elle	aime**rait**	elles	aime**raient**
on	aime**rait**		

Für das Conditionnel présent gelten die gleichen Ableitungsregeln wie für das Futur simple (s. Seite 103)

Die Endungen des Conditionnel présent sind bei allen Verben gleich. Sie setzen sich zusammen aus einem **-r-** und den Endungen des Imparfait.

2. Ableitungen

Ableitungen wie beim Futur simple + **-r-** + Endung des Imparfait

Beispiel: chercher

Futur simple (= il cherche**-ra**) + -r- + Imparfait-Endung (**-ait**)

▶ il chercherait

Gebrauch

le lendemain –
der folgende Tag

Elle m'a annoncé qu'elle **partirait** le lendemain.
Je pensais qu'elle se **présenterait** devant le jury d'examen.

Das Conditionnel steht als „Zukunft der Vergangenheit" für Ereignisse, die aus der Vergangenheit betrachtet in einer späteren Zeit stattfinden.

Pourriez-vous me montrer le chemin ?
Je vous **serais** reconnaissant de bien vouloir confirmer la réservation.
Je **voudrais** vous demander si vous pouvez me prêter de l'argent.

Das **Conditionnel** für eine höfliche Bitte oder für einen Wunsch …

Je **pourrais** faire un voyage autour du monde. Mais je n'ai pas assez d'argent.
Ne parlez pas. L'enfant s'**éveillerait**.

s'éveiller – *aufwachen*

- oder zum Ausdruck einer Möglichkeit oder einer Annahme.

Moi, je **serais** le roi et toi, tu **serais** la reine.

Kinder verwenden das Conditionnel, um Rollen zu verteilen.

le taux de chômage –
Arbeitslosenquote
augmenter – *erhöhen*

Le taux de chômage **augmenterait** à quinze pour cent.

In der Zeitungssprache wird das Conditionnel benützt, um vorsichtige Vermutungen zu äußern.

▶ Zu den Si-Sätzen
vgl. ab S. 131

Si je gagnais au loto, je **ferais** un voyage autour du monde.

Nach einem Imparfait im si-Satz steht im Hauptsatz das Conditionnel.

le paillasson – *Fußmatte*

Au cas où nous **serions** absents quand vous viendrez, la clé est sous le paillasson.

Nach folgenden Ausdrücken, die eine Bedingung vorgeben, steht das Conditionnel: **au cas où**, **dans le cas où**, **pour le cas où**, **dans l'hypothèse où**.

Conditionnel passé

> 1 Selon notre correspondant, des manifestants auraient endommagé des voitures.

> 2 Ils auraient aussi cassé des vitrines de grands magasins.

1. Unserem Korrespondenten zufolge sollen Demonstranten Fahrzeuge beschädigt haben.
2. Sie sollen auch Schaufenster von Warenhäusern beschädigt haben.

Bildung

Das Conditionnel passé wird gebildet aus dem Conditionnel présent von **avoir** bzw. **être** und dem Partizip Perfekt.

j'	aurais	réussi	nous	aurions	réussi
tu	aurais	réussi	vous	auriez	réussi
il	aurait	réussi	ils	auraient	réussi
elle	aurait	réussi	elles	auraient	réussi
on	aurait	réussi			

▶ Zur Bildung und Veränderlichkeit des Partizips Perfekt und zum Gebrauch von **avoir** oder **être** siehe Passé composé, ab Seite 83

Gebrauch

Le ministre des Affaires Etrangères **aurait démissionné**.
Un groupe de jeunes **aurait tué** un étranger.

▌ In der Zeitungssprache wird das Conditionnel passé verwendet, um vorsichtig noch nicht offiziell bestätigte, abgeschlossene Ereignisse zu schildern.

démissionner – zurücktreten

Si tu avais travaillé, tu **aurais passé** ton bac.

▌ Nach einem Plus-que-parfait im **si**-Satz steht im Hauptsatz das Conditionnel passé.

passer le bac – Abitur bestehen

▶ Zu den Si-Sätzen vgl. ab S. 131

Conditionnel

1. Bilden Sie das Conditionnel présent aus folgenden Infinitiven. *

a) payer (je)   _je payerais oder je paierais_

b) mettre (elles)   _____

c) faire (on)   _____

d) vouloir (ils)   _____

e) devoir (tu)   _____

f) voir (il)   _____

g) vouloir (nous)   _____

h) dire (elle)   _____

i) aller (je)   _____

j) être (vous)   _____

k) manger (tu)   _____

l) suivre (ils)   _____

m) vivre (on)   _____

o) tenir (je)   _____

2. Zeitungsberichte sind oft vorsichtig in ihrer Berichterstattung.
Formen Sie Sätze im Conditionnel passé. *

a) Ils – tuer – des étrangers

Ils auraient tué des étrangers.

b) Le président – mentir.

_____

c) Le premier ministre – demissionner

_____

d) Des rebelles – prendre le pouvoir

_____

e) Le parlement – être en flamme

_____

3. Ergänzen Sie folgenden Text durch die passenden Formen des Conditionnel présent. Damit sind Sie zu Ihrem Gegenüber sehr höflich. **

a) M. _Pourriez-vous_ m'expliquer le chemin pour aller à Versailles?

b) Mme. Je _____ bien mais je_____ prendre tout de suite le bus.

c) M. _____ la gentillesse de m'indiquer au moins la direction ?

d) Mme. Je _____ vous indiquer la direction, mais ne le fais pas car je _____ le bus.

~~Pouvoir~~

aimer

avoir

vouloir

pouvoir

rater

4. Übersetzen Sie die Sätze. Verwenden Sie das Conditionnel présent oder das Conditionnel passé. ***

a) Könnten Sie mir helfen?

Pourriez-vous m'aider ?

b) Ich wollte Sie fragen, ob Sie mir Geld borgen könnten.

_____

c) Wir könnten heute Abend ins Kino gehen.

_____

d) Frage ihn, ob er einverstanden wäre.

_____

e) Er fragte mich, ob jemand kommen würde.

_____

f) Ausländische Truppen sollen den Präsidenten ermordet haben.

_____

des troupes étrangères – ausländische Truppen

g) Falls sie kommen, bereitest du ein Frühstück vor.

_____

h) Ich hätte einen anderen Beruf erlernen sollen.

_____

i) Der deutsche Botschafter soll gestorben sein.

_____

l'ambassadeur allemand – der deutsche Botschafter

j) Ich könnte jetzt ein riesiges Eis essen.

_____

Subjonctif présent

> Il faut que tu ailles au super-marché pour que je puisse nous préparer un repas.

Du musst zum Supermarkt gehen, damit ich uns ein Essen machen kann.

Bildung

1. Endungen

Il faut que je	sort**e**.	Il faut que nous	sort**ions**.
Il faut que tu	sort**es**.	Il faut que vous	sort**iez**.
Il faut qu'il	sort**e**.	Il faut qu'ils	sort**ent**.
Il faut qu'elle	sort**e**.	Il faut qu'elles	sort**ent**.
Il faut qu'on	sort**e**.		

Die Endungen des Subjonctif sind regelmäßig. Es gibt nur zwei Ausnahmen: **avoir** und **être**.

avoir	**être**
que j'aie	que je so**is**
que tu aies	que tu so**is**
qu'il ai**t**	qu'il soi**t**
que nous a**y**ons	que nous so**y**ons
que vous a**y**ez	que vous so**y**ez
qu'ils aient	qu'ils soient

2. Ableitungen

Regelmäßige Ableitung:

> Stamm der 3. Person Plural Présent + Subjonctif-Endung

Die meisten regelmäßigen und unregelmäßigen Verben bilden den Subjonctif so: Man nimmt den Stamm der 3. Person Plural des Présent und hängt die entsprechenden Endungen an (que je **batt-e**).

ils aiment	▶ que j'aim**e**	ils mettent	▶ que je mett**e**
ils finissent	▶ que je finiss**e**	ils naissent	▶ que je naiss**e**
ils s'assoient	▶ que je m'assoi**e**	ils ouvrent	▶ que j'ouvr**e**
ils battent	▶ que je batt**e**	ils plaisent	▶ que je plais**e**
ils concluent	▶ que je conclu**e**	ils prennent	▶ que je prenn**e**
ils conduisent	▶ que je conduis**e**	ils rendent	▶ que je rend**e**
ils connaissent	▶ que je connaiss**e**	ils résolvent	▶ que je résolv**e**
ils courent	▶ que je cour**e**	ils rient	▶ que je ri**e**
ils craignent	▶ que je craign**e**	ils servent	▶ que je serv**e**
ils disent	▶ que je dis**e**	ils suivent	▶ que je suiv**e**
ils dorment	▶ que je dorm**e**	ils se taisent	▶ que je me tais**e**
ils écrivent	▶ que j'écriv**e**	ils vainquent	▶ que je vainqu**e**
ils lisent	▶ que je lis**e**	ils vivent	▶ que je viv**e**
ils mentent	▶ que je ment**e**		

Regelmäßige Ableitungen bei Wechsel des Stammvokals:

Verben, die im Présent den Stammvokal ändern, weisen auch im Subjonctif diese Änderung auf.

– Verben auf **-er**, z. B. **peser: je p<u>è</u>se**, aber: **nous p<u>e</u>sions**;

que je p**è**se	que nous p**e**sions	Ebenso: jeter, appeler, acheter,
que tu p**è**ses	que vous p**e**siez	peler, espérer
qu'il p**è**se	qu'ils p**è**sent	

– unregelmäßige Verben: **je b<u>oi</u>s**, aber: **nous b<u>u</u>vions**.

que je b**oi**ve	que nous b**u**vions	Ebenso: acquérir, devoir, mourir,
que tu b**oi**ves	que vous b**u**viez	mouvoir, prendre, recevoir,
qu'il b**oi**ve	qu'ils b**oi**vent	tenir, venir

Regelmäßige Ableitung bei Verben mit einem **-y-** vor endungsbetonten Formen (1. und 2. Person Plural):

Verben, die vor endungsbetonten Formen im Présent ein **-y** aufweisen, behalten dieses **-y** auch im Subjonctif.

que je nettoie	que nous nettoyions	Ebenso: appuyer, payer, envoyer
que tu nettoies	que vous nettoyiez	
qu'il nettoie	qu'ils nettoient	

que je voie	que nous voyions	Ebenso: croire, se distraire
que tu voies	que vous voyiez	
qu'il voie	qu'ils voient	

Unregelmäßige Subjonctif-Stämme:

avoir	que j'a**ie** qu'il ai**t** que nous a**y**ons
être	que je **sois** que tu soi**s** qu'il soi**t** que nous so**y**ons
aller	que j'**aille** que nous **allions**
faire	que je **fasse** que nous **fassions**
falloir	qu'il **faille**
pleuvoir	qu'il **pleuve**
pouvoir	que je **puisse** que nous **puissions**
savoir	que je **sache** que nous **sachions**
valoir	que je **vaille** que nous **valions**
vouloir	que je **veuille** que nous **voulions**

Subjonctif passé

> 1 Admettons qu'il ait menti.

> 2 Je souhaite qu'il soit puni.

1. Nehmen wir einmal an, dass er gelogen hat. 2. Ich wünsche, dass er bestraft wird.

Bildung

Der Subjonctif passé wird gebildet aus dem Subjonctif von **avoir** oder **être** und dem Partizip Perfekt.

▶ Zur Bildung und Veränderlichkeit des Partizips Perfekt und zum Gebrauch von **avoir** oder **être**, siehe Passé composé, ab Seite 83

Admettons	que j'	**aie dit**	la vérité.
	que tu	**aies dit**	
	qu'il / elle	**ait dit**	
	que nous	**ayons dit**	
	que vous	**ayez dit**	
	qu'ils / elles	**aient dit**	
Il souhaite	que je	**sois**	**puni(e).**
	que tu	**sois**	**puni (e).**
	qu'il / elle	**soit**	**puni (e).**
	que nous	**soyons**	**puni(e)s.**
	que vous	**soyez**	**puni(e) (s).**
	qu'ils / elles	**soient**	**puni(e) (s).**

Gebrauch des Subjonctif présent und Subjonctif passé

Der Subjonctif tritt fast ausschließlich in Nebensätzen nach **que** auf.

Man unterscheidet zwei Verwendungsarten: Hauptsätze, die nach einem **que** den Subjonctif automatisch auslösen, und solche, bei denen eine Wahlmöglichkeit besteht (z. B. Subjonctif oder Présent).

Manche Verben, Ausdrücke und Konjunktionen erfordern zwingend den Subjonctif. Es empfiehlt sich, dies jeweils mitzulernen!

1. Automatische Verwendung des Subjonctif

Nach Verben der Willensäußerung:

> Je **veux qu'**il **apprenne** le français.
> **Permettez que** je vous **dise** la vérité.
> J'**interdis que** vous **pénétriez** dans mon terrain.
> Je n'**accepte** pas **que** mes enfants **fassent** ce devoir.

> préférer que, demander que, proposer que, refuser que, vouloir bien que, aimer mieux que, désirer que, souhaiter que, aimer que, avoir envie que, exiger que, ordonner que, autoriser que, défendre que

Nach Verben und Ausdrücken der Gefühlsäußerung:

> Elle **apprécie que** les Français **achètent** souvent chez les petits commerçants.
> Nous **regrettons que** vous **ayez perdu** votre travail.
> J'**aimerais que** tu **sortes** avec ce garçon.
> Je **trouve important que** les ouvriers **fassent** la grève.
> Je **suis triste qu'**elle **soit** partie.

> détester que, adorer que, admirer que, avoir honte que, avoir peur que, craindre que, critiquer que, déplorer que, s'étonner que, s'inquiéter que, se moquer que, trouver bien / mal / important que, être heureux / satisfait / étonné / désolé / fâché / fier / ravi / content / surpris

Nach unpersönlichen Verben und Ausdrücken:

> **Il faut que** tu **fasses** la vaisselle.
> **Il vaut mieux que** tu t'en **ailles**.
> **C'est une honte qu'**on **jette** de la nourriture.
> **C'est bizarre qu'**il n'**ait** pas **répondu**.
> **C'est dommage** qu'on ne **soit** pas là.

une honte – *Schande*

> il est normal / nécessaire / bon / mauvais / possible / intéressant / faux / honteux / triste / juste / injuste / naturel / utile / inutile / étrange / indispensable / surprenant que, c'est bien / mal / malheureux / drôle / sensationnel / rare / terrible / nécessaire que

Nach einer Reihe von Konjunktionen:

▶ Zu Konjunktionen, siehe ab S. 201

Bien qu'elle **aille** mieux maintenant, la situation reste difficile.
L'Etat dépense plus d'argent **pour que** l'économie **reprenne**.
J'aimerais voir encore une fois ton bébé **avant que** vous vous en **alliez**.

> quoique, sans que, malgré que, jusqu'à ce que, en attendant que, afin que, à condition que, pourvu que, à supposer que, à moins que

Der Subjonctif findet sich ebenfalls in den festen Wendungen:

Dieu **soit** loué!	*Gott sei Dank!*
Vive la France!	*Es lebe Frankreich!*

2. Subjonctif-Verwendung mit Wahlmöglichkeiten

Werden Verben und Ausdrücke des Denkens und Meinens verneint, so steht nach **que** meistens der Subjonctif.

Crois-tu qu'il fera beau demain ? –
Non, je **ne crois pas qu'**il **fasse** beau demain.
Tu trouves qu'il est méchant ? –
Non, je **ne trouve pas qu'**il **soit** méchant.

> ne pas penser que, ne pas être sur que, ne pas espérer que, ne pas être certain que

Nach **supposer** und **admettre** stehen je nach Bedeutung Subjonctif oder Présent:

	Bedeutung Présent	Bedeutung Subjonctif
supposer:	*vermuten*	*von etw. ausgehen*
admettre:	*zugeben*	*annehmen*

Je suppose que vous avez l'intention de nous aider.
Je **suppose que** vous **ayez** l'intention de nous aider.

Nach Verben des Sagens und Erklärens steht der Subjonctif, wenn er im Sinne von *„bitten, befehlen"* gebraucht wird (Übersetzung: *„sollen"*).

> crier, faire savoir, téléphoner

J'ai écrit qu'il est imprudent.	Je lui **ai écrit qu'**il **soit** prudent.
Dis-lui que je l'attends.	**Dis-lui** qu'il m'**attende**.

> ▶ Relativsätze, siehe
> S. 63

In einem Relativsatz steht der Subjonctif, wenn ein Wunsch geäußert wird. Handelt es sich jedoch um eine Tatsache, so steht das Présent.

> Je cherche un Français qui **sache** parler le japonais.
> Je connais un Français qui sait parler le japonais.

> ▶ Steigerung, siehe
> S. 168

Superlative lassen sich oft nur durch eigene Einschätzungen begründen. In solchen Fällen steht in einem nachfolgenden Relativsatz der Subjonctif. Handelt es sich jedoch um eine Tatsache, so steht das Présent.

> Madeleine est la femme **la plus** charmante que je **connaisse**.
> L'orange est **le seul** fruit qui **soit** bon.
> C'est le premier homme qui a mis le pied sur la lune.

Subjonctif présent oder Subjonctif passé?

Der Subjonctif présent wird verwendet, wenn die Aussage des **que**-Satzes gleichzeitig oder nachzeitig zur Aussage des Hauptsatzes ist.

> J'ai peur qu'elle **parte** aujourd'hui.
> J'ai peur qu'elle **parte** demain.

> J'avais peur qu'elle **parte** ce jour-là.
> J'avais peur qu'elle **parte** le lendemain.

Der Subjonctif passé steht dagegen, wenn die Aussage des **que**-Satzes vorzeitig zur Aussage des Hauptsatzes ist.

> J'ai peur qu'elle **soit partie** hier.
> J'avais peur qu'elle **soit partie** la veille.

Der deutsche Konjunktiv darf nicht mit dem Subjonctif gleichgesetzt werden! Nur manchmal wird im Deutschen der Konjunktiv verwendet, wenn im Französischen der Subjonctif steht.

1. Wie heißen die Formen des Subjonctif? Bilden Sie die Formen. *

a) lire (je)   _que je lise_____

b) dormir (il)   _____

c) pouvoir (elle)   _____

d) pleuvoir (il)   _____

e) aller (je)   _____

f) être (nous)   _____

g) finir (vous)   _____

h) prendre (tu)   _____

i) savoir (ils)   _____

j) écrire (je)   _____

k) vouloir (elles)   _____

l) avoir (je)   _____

m) boire (nous)   _____

n) prendre (vous)   _____

2. Ergänzen Sie die Sätze mit der passenden Form des Subjonctif. **

a) Il ne veut pas apprendre le français.

Je veux qu' __il apprenne le français_____ .

b) Elle n'est pas partie.

Je souhaite qu' _____ .

c) Il ne travaille pas.

J'exige que _____ .

d) L'enfant n'est pas sage.

J'aimerais qu' _____ .

e) Elle lit beaucoup au lit.

Je n'aime pas qu' _____ .

f) La phrase n'est pas correcte.

Je demande qu' _____ .

g)   Il ne pleure plus depuis deux heures.

C'est surprenant qu' _____ .

h)   Elle ne sait pas compter.

Il est indispensable qu' _____ .

i)   Il veut un téléviseur.

Il est normal qu'il _____ .

j)   Elle va en vacances.

Il est nécessaire qu' _____ .

k)   Tu n'achètes plus de viande.

Je trouve bien que _____ .

l)   Elle ne me tient plus au courant.

Je suis fâché qu' _____ .

m)   Il ne boit plus.

Je suis surprise qu' _____ .

n)   Tu es contente.

Je ne crois pas que _____ .

3.   Entscheiden Sie, ob der Subjonctif einzusetzen ist. ***

a)   J'espère que vous ____allez____ bien. (aller)

b)   Il dit que vous _____ une faute. (avoir fait)

c)   Il est indispensable que tu _____ la leçon. (apprendre)

d)   C'est dommage que votre maison n'_____ pas une pièce

de plus. (avoir)

e)   Je crois que M. Dutour _____ en vacances. (être parti)

f)   Nous trouvons bien que vous _____ vos vacances en

Suisse. (passer)

g)   Je connais un cinéma qui _____ des réductions aux

étudiants tous les soirs. (faire)

h)   Ce sont les plus belles vacances que nous _____ .

(avoir passé)

i) Faut-il que j'_____ chercher un médecin? (aller)

j) Je veux que tu _____ aux examens. (réussir)

4. Weshalb steht in den folgenden Sätzen der Subjonctif? Ordnen Sie den Sätzen den richtigen Buchstaben zu. ***

____ 1. Je veux que tu saches la vérité.

____ 2. Je cherche une nouvelle voiture qui ne soit pas trop chère.

____ 3. Il trouve bien qu'on ait décidé une monnaie unique.

____ 4. Il est injuste que les salariés paient tellement d'impôts.

____ 5. Nous restons au café de Paris jusqu'à ce que notre amie revienne.

____ 6. Il faut rentrer avant qu'il fasse nuit.

____ 7. Je ne crois pas qu'elle ait des chances de réussir.

____ 8. Elle a dit que tu viennes.

____ 9. Notre voiture est la plus belle qu'il y ait en ville.

a) nach einem unpersönlichen Verb (automatische Verwendung)

b) nach einem Verb des Sagens und Erklärens (keine automatische Verwendung)

c) nach einem Superlativ (keine automatische Verwendung)

d) nach einem Verb der Willensäußerung (automatische Verwendung)

e) in einem Relativsatz (keine automatische Verwendung)

f) nach einem Ausdruck des Denkens und Meinens (keine automatische Verwendung)

g) nach einer Konjunktion (automatische Verwendung)

h) nach einer Konjunktion (automatische Verwendung)

i) nach einem Verb der Gefühlsäußerung (automatische Verwendung)

Imperativ

1 **Asseyez**-vous, s'il vous plaît.

2 Olivier, **ferme** la porte.

3 **Parlons** de la résistance française.

! Im Gegensatz zum Deutschen steht beim Imperativ kein Ausrufezeichen!

1. Setzt euch bitte! 2. Olivier, schließ die Tür! 3. Sprechen wir vom französischen Widerstand!

Bildung

Regelmäßige Bildung:

Für jedes Verb gibt es drei Imperativ-Formen. Diese Formen werden abgeleitet vom **Présent** der:

1. Person Singular (**j'ouvre**):	Ouvr**e** la fenêtre, s'il te plaît. Attend**s** encore un peu pour répondre.
2. Person Plural (**vous parlez**):	Ne parl**ez** pas si fort. Lis**ez** bien les informations.
1. Person Plural (**nous restons**):	Rest**ons** sur ce sujet. Essay**ons** de continuer.

Bei den Verben auf -er wird vor „y" und „en" an den Imperativ ein „s" angehängt:

penser ▸ Pense**s**-y.
aller ▸ Va**s**-y.

Unregelmäßige Bildung:

Der Imperativ der Verben **avoir**, **être** und **savoir** wird unregelmäßig gebildet:

avoir: **aie**, **ayons**, **ayez**	N'**ayez** pas peur.
être: **sois**, **soyons**, **soyez**	Olivier, **sois** sage.
savoir: **sache**, **sachons**, **sachez**,	**Sachez** que Paris a été libérée entre le 18 et 25 août 1944.

Gebrauch

Sortez d'ici

Der Imperativ wird verwendet zum Ausdruck
– eines Befehls oder einer Aufforderung.

Ne **réponds** pas à cette question.

– eines Ratschlags.

Ferme les yeux et dors bien.

– einer Bitte oder eines Wunsches.

Donnez-moi encore une réponse.

– oder einer Ermutigung.

> **!** Beim bejahten Imperativ stehen « moi » und « toi » anstelle von « me » und « te ».

> ▶ Zur Stellung der Objektpronomen vgl. S. 49

Beim bejahten Imperativ werden die Objektpronomen durch einen Bindestrich an das Verb angehängt (**« Asseyez-<u>vous</u>. »**).
Beim verneinten Imperativ stehen die Objektpronomen wie üblich vor dem Verb (**« Ne <u>vous</u> asseyez pas. »**).

Ersatz des Imperativs durch andere Redemittel

Anstelle des Imperativs kann stehen:

– ein Fragesatz mit vouloir:
  Veux-tu sortir d'ici ?

– oder pouvoir + Infinitiv:
  Vous pouvez me donner encore une réponse ?

– ein Aussagesatz mit Futur composé:
  Vous allez rentrer tout de suite.

– oder ein Fragesatz mit s'il te/vous plaît.
  Tu fermes la porte, s'il te plaît ?

Imperativ

1. Formen Sie folgende Sätze um, indem Sie den Imperativ gebrauchen.*

a) Je veux que tu sortes. _____Sors._____

b) Veux-tu me donner encore une réponse ? _____

c) Tu peux me passer l'éponge, s'il te plaît ? _____

d) Tu fermes la fenêtre, s'il te plaît ? _____

e) Voulez-vous lire un texte ? _____

f) Pouvez-vous me répondre ? _____

g) Vous allez sortir tout de suite vos livres. _____

h) Michel, tu sors ton livre ? _____

i) Veux-tu commencer à lire ? _____

j) Vous allez me donner la réponse
tout de suite. _____

k) Voulez-vous être de bons élèves ? _____

2. Verneinen Sie folgende Imperative. Ersetzen Sie dabei auch das
Fettgedruckte durch passende Pronomen. **

a) Mes élèves, calmez-vous. _Ne vous calmez pas._

b) Asseyez-vous. _____

c) Lève-toi, Michel. _____

d) Commence à lire **le texte**. _____

e) Nettoie **le tableau**, Susanne. _____

y aller – *hingehen*
s'en aller – *weggehen*

f) Vas-y. _____

g) Complète **la phrase**, Sandra. _____

h) Dis-moi **la réponse**. _____

i) Donnez-moi **vos devoirs**. _____

j) Pensons **à l'année prochaine**. _____

Si-Satz (Bedingungssatz)

Si je gagnais au loto, je ferais un voyage autour du monde.

Wenn ich im Lotto gewänne, würde ich eine Weltreise machen.

Man unterscheidet drei Arten von si-Sätzen.

1. Sätze, die eine Möglichkeit in Bezug auf die Gegenwart oder Zukunft ausdrücken. Die Bedingung ist in diesen Fällen durchaus erfüllbar.

Si-Satz	Hauptsatz
Si vous **êtes** d'accord,	j'**appelle** ma voisine.
Si + Présent	Présent
Si tu **as** le temps ce soir,	on **ira** au théâtre.
Si + Présent	Futur

2. Sätze, die eine Unwahrscheinlichkeit in Bezug auf die Gegenwart oder Zukunft ausdrücken. Die Bedingung kann nur theoretisch erfüllt werden.

Si-Satz	Hauptsatz
Si je **gagnais** au loto,	je m'**achèterais** une voiture de sport.
Si + Imparfait	Conditionnel présent

Si-Satz

3. Sätze, die eine Unmöglichkeit in Bezug auf die Vergangenheit ausdrücken. Die Bedingung kann keinesfalls erfüllt werden, da das Geschehen bereits abgeschlossen ist.

Si-Satz	Hauptsatz
Si j'**avais passé** mon bac,	j'**aurais fait** des études à l'université.
Si + Plus-que-parfait	Conditionnel passé

! Im Si-Satz kann keine r-Form stehen!

Achtung: Im Gegensatz zum Deutschen steht in einem si-Satz nie das Futur oder das Conditionnel!

Das Futur kann nur dann stehen, wenn das „si" einen indirekten Fragesatz einleitet.

« Je me demande si mes amis **viendront**. »

Si = *falls, wenn (konditional)*
Quand = *wenn, sobald (zeitlich)*

Mit dem si-Satz darf nicht der **quand**-Satz verwechselt werden. In einem **quand**-Satz kann nach dem „quand" das Futur stehen.

« Quand mes amis **viendront**, nous partirons en vacances ».
(= „Sobald...").

1. Sie liegen auf Ihrem Sofa und überlegen sich das Unwahrscheinliche.
Bilden Sie Sätze! *

a) je – avoir – de l'argent

   Si seulement j'avais de l'argent.

b) appartement – être plus – grand

   _____

c) je – gagner – au loto

   _____

d) je – avoir – ami

   _____

e) je – travailler – moins

   _____

f) je – aller – en vacances – cette année

   _____

g) quelqu'un – me rendre visite

   _____

h) je – vivre – à Paris

   _____

2. Setzen Sie die passenden Formen ein. **
Achten Sie genau auf die vorgegebenen Zeiten in den einzelnen
Sätzen und halten Sie sich an die Vorgaben der drei möglichen
si-Sätze!

a) Si vous _____êtes_____ libre ce soir, on ira au restaurant. (être)

b) S'il _____ le permis de conduire, il aurait eu une voiture.

   (passer)

c) Si elle _____ ce soir, on ferait un tour en voiture.

   (venir)

d) Si tu m' _____ , tu me donnes un bisou. (aimer)

un permis de conduire –
Führerschein

un bisou – *Kuss*

Si-Satz

e) S'il _____ beau demain, on va déjeuner dehors. (faire)

f) Si j'avais 30 ans, je _____ un voyage autour du monde.
    (faire)

g) Si j'avais eu de l'argent, j'_____ une maison. (acheter)

h) Si j'_____ qu'il était bête, je ne me serais pas mariée
    avec lui. (savoir)

3. Übersetzen Sie folgende Sätze. Denken Sie daran, dass in einem si-
    Satz keine r-Form stehen kann! ***

a) Wenn ich im Lotto gewonnen hätte, hätte ich mir ein Haus gebaut.

     Si j'avais gagné au loto, j'aurais construit une maison.

b) Wenn ich im Lotto gewinne, kaufe ich mir ein Haus.

    _____

c) Wenn ich im Lotto gewinnen würde, würde ich mir ein Haus kaufen.

    _____

d) Wenn mein Freund jünger wäre, würde ich ihn heiraten.

    _____

e) Wenn ich reich gewesen wäre, hätte ich mir ein Haus gekauft.

    _____

Verben mit Objekt

Verben mit direktem Objekt

Je veux **aider Monsieur Dutour**. Il a **besoin d'une voiture**.

---

1. Ich will Herrn Dutour helfen. Er braucht ein Auto.

Direkte Objekte sind Satzergänzungen, die ohne Präposition an das Verb angeschlossen werden. In den meisten Fällen entsprechen sie einem deutschen Akkusativobjekt.

> Tu **connais Catherine Deneuve** ? – Oui, je **l'ai rencontrée** l'an dernier.
> Regarde **la vieille dame** avec ses bagages. – Tu as raison. Il faut **l'**aider.

> Nach Akkusativobjekten fragt man im Deutschen „Wen?" oder „Was?".

Ein direktes Objekt kann nur durch ein direktes Objektpronomen vertreten werden (z. B. durch **le**, **la**, **les**).

> Nach Dativobjekten fragt man „Wem?"

Einige Verben haben im Französischen ein direktes Objekt, lösen im Deutschen jedoch einen Dativ aus. Dazu gehören die Verben **aider**, **croire**, **écouter**, **remercier**, **suivre**.

Verben mit einem à-Objekt

As-tu **téléphoné à ta mère** ?

Hast du deine Mutter angerufen?

Ein **à**-Objekt entspricht im Deutschen meistens einem Dativobjekt

> Elle **a cédé à Monsieur Dutour** ? – Oui, elle **lui a** cédé.
> Tu **as parlé à tes enfants** ? – Oui, mais je ne **leur parle** plus.
> Tu **as répondu à leur lettre** ? – Non, je **n'y répondrai** jamais.

> **!** Ausnahmen:
> **penser <u>à elle</u>,**
> **s'intéresser <u>à lui</u>.**

Ein **à**-Objekt wird bei Personen meistens durch ein indirektes Objektpronomen (z. B. durch **lui** und **leur**), bei Sachen durch **y** vertreten.

Einige Verben ziehen im Französischen ein Dativobjekt nach sich, werden aber im Deutschen durch eine andere Konstruktion wiedergegeben. Dazu gehören: **mentir**, **parler**, **penser**, **téléphoner**, **s'intéresser**, **réfléchir**.

Verben mit Objekt

Verben mit einem de-Objekt

> Nous rêvons d'une grande maison.

Wir träumen von einem großen Haus.

Verben mit **de**-Objekt werden im Deutschen sehr unterschiedlich übersetzt.

J'ai besoin de ma femme.
Ich brauche meine Frau.

– Tu **rêves** déjà **d'elle** ?
– *Träumst du schon von ihr?*

Tu te souviens du Pont du Gard ?
Erinnerst du dich an die Pont du Gard?

– Oui, je **m'en souviens**.
– *Ja, ich erinnere mich daran.*

Vous **jouez de la guitare** ?
Spielen Sie Gitarre?

– Non, je n'**en joue** plus.
– *Nein, ich spiele nicht mehr.*

Verben mit direktem Objekt und à-Objekt

Einige Verben können sowohl ein direktes als auch ein **à**-Objekt haben.

Tu as prêté cette machine à ta fille ?
Hast du diese Maschine deiner Tochter geliehen?

– Oui, je **la lui ai prêtée**.
– *Ja, ich habe sie ihr geliehen.*

Tu as demandé de l'argent à ton fils ?

Hast du deinen Sohn um Geld gebeten?

– Non, je ne **lui en ai** pas **demandé**.
– *Nein, ich habe ihn darum nicht gebeten.*

> Beispiele: acheter, adresser, apprendre, conseiller, dire, écrire, enseigner, enlever, expliquer, interdire, montrer, présenter, promettre, raconter, rappeler, recommander, refuser, répondre, reprocher, répéter.

Verben mit direktem Objekt und de-Objekt

Einige Verben können sowohl ein direktes als auch ein **de**-Objekt haben.

Tu as **appris la nouvelle de ta femme** ? – Oui, je l'ai apprise **d'elle**.
Vous allez **informer votre fils de votre décision** ? – Oui, je vais **l'en informer** prochainement.

> Beispiele: avertir, débarrasser, équiper, prévenir, priver, remercier, obtenir, recevoir, savoir.

Beispiele für Verben mit de-Objekt: mourir, profiter, rêver, souffrir, s'apercevoir, se douter, s'occuper, se souvenir, s'étonner, se moquer.

Ein **de**-Objekt wird bei Sachen durch **en** ersetzt, bei Personen durch **de** + unverbundenes Personalpronomen (z. B. durch **de lui**, **d'elle**).

Reflexive Verben

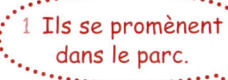

1 Ils se promènent dans le parc.

2 Ils ne se parlent plus.

3 Elle s'en ira bientôt.

4 Son entreprise s'est installée en Alsace.

---

1. Sie gehen im Park spazieren. 2. Sie sprechen nicht mehr miteinander.
3. Sie wird bald weggehen. 4. Ihr Unternehmen hat sich im Elsass niedergelassen.

Verben mit reflexiver und nicht reflexiver Form

Einige Verben besitzen reflexive und nicht reflexive Formen mit unterschiedlichen Entsprechungen im Deutschen.

Je vais **appeler** mon copain.
Ich werde meinen Freund anrufen.

Il **s'appelle** Gérard.
Er heißt Gérard.

Elle **baigne** son bébé.
Sie badet ihr Baby.

Je **me baigne** dans la mer.
Ich bade im Meer.

Il a **levé** la main sur sa femme.
Er hat die Hand gegen seine Frau erhoben.

Il **s'est levé** à dix heures.
Er ist um zehn Uhr aufgestanden.

Weitere Beispiele:

appeler *(jdn. rufen)*	s'appeler *(heißen)*
attendre *(jdn. erwarten)*	s'attendre à *(gefasst sein auf etw.)*
baigner *(jdn. baden)*	se baigner *([im Meer] baden)*
coucher *(jdn. hinlegen)*	se coucher *(sich hinlegen, zu Bett gehen)*
éteindre *(etw. ausmachen)*	s'éteindre *(ausgehen, erlöschen)*
lever *(etw. hochheben)*	se lever *(aufstehen)*
marier *(jdn. verheiraten)*	se marier *(heiraten)*
promener *(jdn. spazieren führen)*	se pronomer *(spazieren gehen)*
rappeler *(jdn. zurückrufen)*	se rappeler *(sich erinnern)*
réveiller *(jdn. wecken)*	se réveiller *(aufwachen)*
tromper *(jdn. betrügen)*	se tromper *(sich irren)*
tuer *(jdn. töten)*	se tuer *(sich töten)*

Verben mit ausschließlich reflexiver Form

Les enfants **se taisent.**	*Die Kinder sind still.*
Le prisonnier **s'est enfui**.	*Der Gefangene ist geflohen.*
Dépêche-toi.	*Beeile dich.*
Tu **te souviens** encore de M. Dutour ?	*Erinnerst du dich noch an Herrn Dutour?*

s'evanouir –
ohnmächtig werden
se méfier de –
misstrauen
se soucier de –
sich über etwas Gedanken machen

Folgende Verben kommen nur in reflexiver Form vor:

s'en aller, s'enfuir, s'envoler, s'évanouir, se méfier de, se moquer de, se soucier de, se souvenir de, se taire.

Verben mit nicht reflexiver Form, die im Deutschen reflexiv sind

Les prix ont **augmenté** de cinq pour cent.
Die Preise erhöhten sich um fünf Prozent.

Ma cousine a beaucoup **changé**.
Meine Cousine hat sich stark verändert.

La terre **tourne**, mais la lune ne **tourne** pas.
Die Erde dreht sich, aber der Mond dreht sich nicht.

Ne **bouge** pas, il y a une mouche.
Beweg dich nicht, da ist eine Fliege.

avoir honte –
sich schämen
divorcer –
sich scheiden lassen
diminuer –
sich verringern
séjourner –
sich aufhalten

▶ Zur Veränderlichkeit der reflexiven Verben, vgl. Seite 86

Folgende Verben sind nicht reflexiv, haben aber im Deutschen eine reflexive Entsprechung:

augmenter, avoir honte, bouger, changer, divorcer, diminuer, évoluer, séjourner, tourner.

▶ Zu den Reflexivpronomen, vgl. Seite 44

▶ Zur Stellung der Pronomen, vgl. Seite 49

Unpersönliche Verben und Wendungen

1 Il pleut depuis deux mois.

2 Il paraît que le climat a changé.

3 Il faudrait que la terre soit sèche.

---

1. Es regnet seit zwei Monaten. 2. Man sagt, dass das Klima sich verändert hat.
3. Die Erde müsste trocken sein.

Beispiele für unpersönliche Verben und Wendungen:

Il pleut. / Il neige. / Il grêle. / Il vente.
Es regnet. / Es schneit. / Es hagelt. / Es ist windig.

Il fait beau / mauvais (temps).
Es ist gutes / schlechtes Wetter.

Il me faut partir bientôt.
Ich muss bald gehen.

Il faut que je parte bientôt.
Ich muss bald gehen.

Il ne faut pas que tu fumes.
Du sollst nicht rauchen.

Allez les enfants, **il faut partir**.
Auf Kinder, wir müssen gehen.

Il faut un million d'euros pour restaurer l'église.
Man benötigt eine Million Euro, um die Kirche zu restaurieren.

Il me faut trois escalopes.
Ich brauche drei Schnitzel.

Il y a des gens malheureux.
Es gibt unglückliche Menschen.

Il me semble que les voisins sont partis en vacances.
Es scheint mir, dass die Nachbarn in den Urlaub gefahren sind.

Il paraît qu'on va doubler les impôts.
Man sagt, dass die Steuern verdoppelt werden.

Il me paraît évident que l'homme atteindra une autre planète.
Es scheint mir sicher, dass der Mensch einen anderen Planeten erreichen wird.

> Ein unpersönliches **il** entspricht im Deutschen „es".
> Dies ist aber nicht die einzige Übersetzungsmöglichkeit.

Il semble que le président ne se présentera plus aux prochaines élections.
Es scheint, dass der Präsident bei den nächsten Wahlen nicht mehr kandidieren wird.

Il me semble que je ne vais pas réussir aux examens.
Ich glaube, dass ich die Prüfungen nicht bestehen werde.

Il me semble certain qu'elle a fait des fautes.
Es scheint mir sicher, dass sie Fehler gemacht hat.

Il me semble inutile de te convaincre.
Es scheint mir unnütz, dich überzeugen zu wollen.

Il s'agit d'une histoire géniale.
Es handelt sich um eine geniale Geschichte.

Il s'agit d'écrire une histoire en une semaine.
Es geht darum, eine Geschichte binnen einer Woche zu schreiben.

Unpersönliche Wendungen im Deutschen ohne unpersönliche Entsprechung im Französischen

Im Französischen gibt es sehr viel weniger unpersönliche Wendungen als im Deutschen.

Beispiele:

Je vais bien / mal.	*Mir geht es gut / schlecht.*
J'ai froid / chaud.	*Mir ist kalt / warm.*
Je suis fâché qu'elle parte.	*Es ärgert mich, dass sie geht.*
Je suis content qu'elle soit là.	*Es freut mich, dass sie hier ist.*
J'arrive à faire un gâteau.	*Es gelingt mir, einen Kuchen zu backen.*
En Bretagne, je me plais beaucoup.	*In der Bretagne gefällt es mir gut.*
Je manque d'eau.	*Es fehlt mir an Wasser.*
On frappe (à la porte).	*Es klopft (an der Tür).*
Je suis désolée que tu aies perdu ton travail.	*Es tut mir leid, dass du deine Arbeit verloren hast.*

Passiv und Passiversatz

1 La tour Eiffel **a** été construite par Gustave Eiffel.

2 Ce plan de ville se lit facilement.

3 A Paris, on prend souvent le métro.

1. Der Eiffelturm ist von Gustave Eiffel erbaut worden. 2. Dieser Stadtplan liest sich leicht. 3. In Paris nimmt man oft die Metro.

Nur Verben mit direkten Objekten können ein Passiv bilden. Das Passiv ist im Französischen weit weniger üblich als im Deutschen. Außerdem gehört das Passiv der geschriebenen Sprache an. Der Passiversatz spielt deshalb eine wichtige Rolle.

> Unter direkten Objekten versteht man Satzergänzungen, die ohne Präposition an das Verb angeschlossen werden.

Bildung

Diese drei Beispielsätze sind typische Aktivsätze mit den Satzteilen: Subjekt (**Michel**), Verb (**conduit**) und Objekt (**une voiture**).

Subjekt	Verb	Objekt	
Michel	**conduit**	une voiture.	
Les allemands	**ont détruit**	la ville.	
L'employé	**fermera**	la porte	à 6 heures.

Im Französischen setzt sich das Passiv immer aus **être + Partizip Perfekt** zusammen. Das Partizip passt sich in Zahl und Geschlecht dem Substantiv an, auf das es sich bezieht. Der Urheber (falls er erwähnt werden soll) wird mit **par** angeschlossen.

Subjekt	Verb		Urheber
La voiture	**est conduite**		**par** Michel.
La ville	**a été détruite**		**par** les Allemands.
La porte	**sera fermée**	à 6 heures	(**par** l'employé).

Passiversatz

Gebrauch

Dans beaucoup de pays anglophones, **on roule** à gauche.
On a décidé d'augmenter la T.V.A.

Statt das Passiv zu verwenden, kann man Aktivsätze mit **on** bilden.
Solche Konstruktionen sind in der Umgangssprache sehr beliebt.

Les cigarettes **se vendent** surtout dans les bureaux de tabac.
Le pastis **se boit** avec de l'eau et des glaçons.

Die Umschreibung mit einem reflexiven Verb ist vor allem dann sinnvoll, wenn der Urheber nicht genannt wird und wenn es sich um eine
Sache handelt.

Il **s'est fait voler** ses papiers.	*Ihm wurden seine Papiere gestohlen.*
Elle **se fait offrir** un cadeau.	*Ihr wurde ein Geschenk gemacht.*
Elle **s'est fait faire** une permanente.	*Sie hat sich eine Dauerwelle machen lassen.*

Eine Konstruktion mit **se faire** + Infinitiv kann nur auf Menschen
bezogen werden.

L'augmentation de la T.V.A. **sera l'objet d'**une violente discussion.

Die Konstruktion **être l'objet de** ist typisch für die Presse-Sprache.

1. Formen Sie die folgenden Sätze in eine Passivkonstruktion um. **

a)   En Alsace, on parle aussi l'allemand.   l'Alsace – *Elsass*

     <u>L'allemand est aussi parlé en Alsace</u>   .

b)   Au 17e siècle, la France a occupé le pays.   le siècle – *Jahrhundert*

     _____ .

c)   Au 18e siècle, Vauban a construit des forteresses le long du Rhin.   une forteresse – *Festung*

     _____ .

d)   En 1871, l'Empire d'Allemagne a annexé la province d'Alsace.   l'Empire d'Allemagne –
                                                                                 Deutsches Reich
     _____ .   la province – *Provinz*

e)   En 1945, les alliés ont libéré l'Alsace des Allemands.   un allié – *Alliierter*

     _____ .

f)   Et prochainement, la SNCF ouvrira une nouvelle ligne de TGV.   le TGV – Hochgeschwin-
                                                                                 digkeitszug
     _____ .

oui, non, si

Verneinung

1 Tu as envie d'aller au cinéma ? – Oui.

2 Tu n'aimes pas aller au théâtre ? – Non.

3 Tu ne vas pas rentrer ce soir ? – Si.

1. Hast du Lust ins Kino zu gehen? – Ja. 2. Magst du nicht ins Theater gehen? – Nein.
3. Du wirst doch heute Abend nicht nach Hause fahren? – Doch.

oui, non, si

Die Antwort auf eine verneinende Frage lautet **non**, wenn man dem Fragenden zustimmt, und **si**, wenn man ihm widerspricht.

> Tu as fait la vaisselle ? – **Oui**.
> Tu n'as pas fait un repas ? – **Non**.
> Tu n'as pas fait de courses ? – **Si**.

ne... pas, ne... plus, ne... jamais, ne... rien, ne... personne, ne... aucun

Im Französischen wird die Verneinung durch **ne** in Verbindung mit **pas**, **plus**, **jamais**, **rien**, **personne** oder **aucun** gebildet.

Je **ne** veux **pas** aller au cinéma.	*Ich will nicht ins Kino gehen.*
Elle **ne** l'aime **plus**.	*Sie liebt ihn nicht mehr.*
Ils **ne** sont **jamais** partis en vacances.	*Sie sind nie in Ferien gefahren.*
On **n'**a **rien** mangé.	*Wir haben nichts gegessen.*
Tu **n'**as vu **personne** ?	*Hast du niemand gesehen?*
Jusqu'à présent, il **n'**a eu **aucun** accident.	*Bis jetzt hatte er noch keinen Unfall.*
Il **ne** connaît **aucune** fille.	*Er kennt überhaupt kein Mädchen.*

Stellung der Verneinungen

Il **ne** boit **pas**. Il **ne** buvait **pas**. Il **ne** boira **pas**. Il **n'**a pas **bu**. Il **ne** va **pas** boire. Il **ne** veut **pas** boire. **Ne** buvez **pas**.	**Ne... pas, ne... plus, ne... jamais** und **ne... rien** umschließen das konjugierte Verb (**boit, a, va, veut** etc.) wie ein „Sandwich": **ne** steht vor dem Verb, **pas/plus/jamais/rien** direkt danach.

Il **n'**en a **pas** bu.
Je **ne** lui ai **plus** parlé.
Elle **ne** m'a **jamais** pardonné.
Ils **ne** leur ont **rien** fait.

Pronomen stehen zwischen **ne** und dem konjugierten Verb.

▶ Zu den Pronomen, vgl. ab Seite 41

Je **ne** vois **personne**.
Nous **n'**avons vu **personne**.
Il **n'**a trouvé **aucun** logement.

Bei zusammengesetzten Zeiten steht **personne** oder **aucun** erst nach dem Partizip Perfekt.

J'avais l'idée de **ne pas** venir.
Elle a l'intention de **ne plus** le voir.
Il espère **ne jamais** la revoir.

Die Verneinungen stehen direkt vor einem verneinten Infinitiv.

Je pense **ne** voir **personne**.
Il a peur de **ne** trouver **aucune** place.

Auch bei einem verneinten Infinitiv nehmen **personne** und **aucun** eine Sonderstellung ein.

Il **ne** parle à **personne**.
Elle **ne** pense à **rien**.
Il **ne** parle à **aucune** fille.
Je **n'**ai besoin de **rien**.

Personne, **rien** und **aucun** können auch indirektes Objekt sein. Sie stehen dann nach der Präposition **à** bzw. **de**.

Rien ne me manque.
Personne ne le sait.
Aucun ne lui téléphone.

Rien, **personne** und **aucun** stehen am Satzanfang, wenn sie Subjekt des Satzes sind.

Verneinung von Substantiven

Je n'aime pas les kiwis.

Ich mag keine Kiwis.

Pas verhält sich wie eine Mengenangabe: Es folgt nicht der volle Artikel, sondern nur **de**.

  Il **ne** boit **pas** d'alcool.
  Elle **n'**a **jamais** mangé de pommes.

Bei **être** wird nicht das Substantiv, sondern das Verb verneint, so dass hier der volle Artikel steht.

  Ce **n'**est **pas** une orange, c'est une clémentine.
  Ce **n'**est **pas** du jus, mais du vin.

Nach Verben der Gefühlsäußerung wie **aimer**, **adorer**, **détester** steht in bejahten wie in verneinten Sätzen der volle Artikel.

Il **n'**aime **pas** la viande.
Je **ne** déteste **plus** les fruits.

Kombinierte Verneinungen

Verneinungen wie „nie mehr", „immer noch nicht" oder „nicht immer" werden wie folgt ausgedrückt:

Elle **ne** parlera **plus jamais** à ses parents.
Sie wird nie mehr mit ihren Eltern sprechen.

Il **n'**a **plus rien** dit.
Er hat nichts mehr gesagt.

Elle **n'**a **plus vu** personne.
Sie hat niemanden mehr gesehen.

Les professeurs **ne** sont **pas toujours** mauvais.
Lehrer sind nicht immer schlecht.

Elle **n'**a **toujours pas** appris le français.
Sie hat immer noch nicht Französisch gelernt.

Elle **n'**a **toujours rien** reçu.
Sie hat immer noch nichts erhalten.

Je **n'**ai **toujours** reçu **aucune** nouvelle.
Ich habe immer noch keine Nachricht erhalten.

Je **ne** suis **pas encore** allée en France.
Ich bin immer noch nicht nach Frankreich gefahren.

In einigen Fällen wird im Deutschen **rien**, **personne** und **jamais** mit „etwas", „jemand" und „jemals" wiedergegeben:

Il n'a jamais **rien** dit de pareil.
Er hat nie so etwas gesagt.

Je n'ai jamais fait du mal **à personne**.
Ich habe nie jemandem wehgetan.

Personne ne saura **jamais** comment il est mort.
Niemand wird jemals erfahren, wie er gestorben ist.

Il est parti sans **rien** manger.
Er ist weggegangen, ohne etwas zu essen.

Il s'est acheté une voiture sans demander **à personne**.
Er hat sich ein Auto gekauft, ohne jemanden zu fragen.

du tout

Je n'ai pas du tout envie d'aller au cinéma.

Ich habe überhaupt keine Lust ins Kino zu gehen.

Ne... pas / rien / plus können durch **du tout** verstärkt werden. **Du tout** steht dann nach dem zweiten Teil der Verneinung.

> Comment est-ce que tu trouves cette jupe? – Elle **ne** me plaît **pas du tout**.
> *Wie findest du diesen Rock? – Er gefällt mir überhaupt nicht.*

> Carole est très paresseuse. Elle **ne** fait **rien du tout**.
> *Carole ist sehr faul. Sie macht überhaupt nichts.*

non plus

Die Verneinung zu **aussi** heißt **non plus**.

> Moi, je **n'**irai **pas** à la fête. – Et moi, je **n'**irai **pas non plus**.
> *Ich gehe nicht auf das Fest. – Und ich gehe auch nicht.*

> Elle **n'**a **rien** remarqué. – **Lui non plus**, il **n'**a **rien** remarqué.
> *Sie hat nichts bemerkt. – Und er, er hat auch nichts bemerkt.*

ne... que und seulement

Ne... que und **seulement** sind in den meisten Fällen austauschbar. Die deutsche Übersetzung lautet „nur" oder „erst".

> Je **ne** bois **que** de l'eau.   Je bois **seulement** de l'eau.
> Elle **n'**a **que** quinze ans.   Elle a **seulement** quinze ans.

Steht nach **seulement** + Verb ein Nebensatz, der durch que eingeleitet wird, so kann **seulement** nicht durch **ne... que** ersetzt werden.

> Il a **seulement** dit qu'elle était partie.

ne... ni... ni

Ni... ni entspricht dem deutschen „weder ... noch".
Ni... ni kann vor Adjektiven, vor Substantiven oder vor Infinitiven stehen.

> Il **n'**est **ni** beau **ni** intelligent.
> Il **ne** sait **ni** lire **ni** écrire.
> **Ni** le cinéma **ni** le théâtre **ne** l'intéressent.

> Während im Deutschen das Verb nicht verneint wird, muss es im Französischen mit **ne** oder **n'** verneint werden.

Verneinung

1. Michel ist stur. Verneinen Sie mit **ne...pas de**. *

a) Tu veux une orange?

Non, _je ne veux pas d'orange._

b) Tu veux peut-être une pomme ?

Non, _____

c) Tu aimerais une glace ?

Non, _____

d) Tu veux peut-être un nouveau T-shirt ?

Non, _____

e) Alors, on fait un voyage en Espagne ?

_____

f) Eh bien, il te faut une nouvelle amie ?

_____

2. Beantworten Sie die Sätze, indem Sie sie verneinen. **

a) Voulez-vous prendre un café ?

Non, _je ne veux pas prendre de café_ .

b) Tu as mangé un sandwich ?

Non, _____ .

c) Tu veux boire quelque chose ?

Non, _____ .

d) Tu as déjà parlé à ton professeur ?

Non, _____ .

e) Tu vas inviter quelqu'un pour ce soir ?

Non, _____ .

f) Tu as vu quelque chose ?

Non, _____ .

g) Tu manges de la viande ?

Non, _____ .

h) C'est ton ami ?

Non, _____ .

i) Vous adorez la musique ?

Non, _____ .

j) Il te manque quelque chose ?

Non, _____ .

k) Tu feras encore un voyage ?

Non, _____ .

l) Vous avez vu Barbara ou Michel ?

Non, _____ .

m) C'est du fromage ?

Non, _____ .

n) Il a dit encore quelque chose ?

Non, _____ .

o) Est-ce qu'il a enfin trouvé une femme ?

Non, _____ .

p) Est-ce qu'elle n'a pas encore parlé à ses parents ?

Non, _____ .

q) Est-ce qu'elle a parlé encore à quelqu'un ?

Non, _____ .

r) Est-ce que vous regardez toujours la télé ?

Non, _____ .

s) Tu as déjà passé ton permis de conduire ?

Non, _____ .

t) Christine ne viendra pas. Et toi, tu viendras ?

Non, _____ .

3. Finden Sie die passende Antwort. *

a) Tu as déjà écrit à ton amie ?   Non, je n'ai rien acheté.

b) Est-ce que tu vas à Paris ?   Non, elle n'a plus rien dit.

c) Tu as acheté quelque chose   Non, je ne lui ai pas encore

   pour ce soir ?   écrit.

d) Tu as écrit ce poème ?   Non, je n'ai vu personne.

e) Tu as vu quelqu'un dans la rue ?   Non, elle n'a pas du tout changé.

f) Est-ce qu'elle a dit encore quelque Non, je n'en mange plus.

   chose ?

g) Tu manges de la viande ?   Non, je n'y vais pas.

h) Est-ce qu'elle a changé ?   Non, pas celui-ci.

Indirekte Rede

1 Mon mari m'a demandé si j'avais vu la belle lune.

2 Et il m'a dit qu'il m'aimait.

---

1. *Mein Mann fragte mich, ob ich den schönen Mond gesehen habe.*
2. *Und er sagte mir, dass er mich liebe.*

Bildung der indirekten Rede

Wie im Deutschen müssen die Pronomen und Begleiter in der indirekten Rede verändert werden. Dabei verändern sich natürlich auch die Endungen der Verben. Die Angleichungen erfolgen immer aus der Perspektive des Sprechenden.

---

direkte Rede

Ma mère demande : « **Tu as** déjà fait **tes** devoirs ? »
Je réponds : « J'aimerais que **tu m'aides** un peu. »

indirekte Rede

Ma mère demande si **j'ai** déjà fait **mes** devoirs.
Je réponds que j'aimerais qu'**elle m'aide** un peu.

---

1. Einleitung der Nebensätze

Nach **dire**, **répondre**, **ajouter** etc. wird der Nebensatz durch **que** eingeleitet.

Je dis: « Je m'ennuie. »
Je dis **que** je m'ennuie.

> Grundsätzlich gilt, dass in der indirekten Rede kein **est-ce que** steht! **!**

Eine Entscheidungsfrage (Ja-Nein-Frage) nach **demander** wird durch **si** eingeleitet.

> Mon frère demande: « Tu resteras à la maison ? »
> Mon frère demande **si** je resterai à la maison.

Das Fragewort **que** der direkten Rede wird in der indirekten Rede zu **ce que**.

> Moi, je veux savoir : « **Qu'**est-ce qu'on fera le week-end ? »
> Moi, je veux savoir **ce qu'**on fera le week-end.

Die Fragewörter einer Ergänzungsfrage (W-Frage) bleiben in der indirekten Rede erhalten.

Fragewörter der Er-
gänzungsfragen:
quand, où, qui, quel,
quoi

> Mon père demande : « **Quand** est-ce que tu rentreras ? »
> Mon père demande **quand** je rentrerai.

> Ma mère veut savoir : « **Avec qui** est-ce que tu passeras la soirée ? »
> Ma mère veut savoir **avec qui** je passerai la soirée.

> Mon père demande : « **Où** est-ce que vous irez ? »
> Mon père demande **où** nous irons.

2. Veränderung der Tempora

Steht das redeeinleitende Verb in einer Zeit der Vergangenheit (z. B. „Il a dit que...“), so müssen die Tempora der Nebensätze verändert werden. Alle Verbformen haben dann nur noch folgende Endungen:

-ais	**-ions**
-ais	**-iez**
-ait	**-aient**

Dabei gelten folgende Umformungsregeln:

direkte Rede	indirekte Rede	
Präsens	Imparfait	fais**ait**
Passé composé	Plus-que-parfait	av**ait** fait
Futur I	Conditionnel I	fer**ait**

Die anderen Zeiten bleiben erhalten:

direkte Rede	indirekte Rede	
Imparfait	Imparfait	fais**ait**
Plus-que-parfait	Plus-que-parfait	av**ait** fait
Conditionnel I	Conditionnel I	fer**ait**
Conditionnel II	Conditionnel II	aur**ait** fait
Futur II	Conditionnel II	aur**ait** fait

Bei einem redeeinleitenden Verb in der Vergangenheit wird **demain** ersetzt durch **le lendemain**, **hier** durch **la veille**, **aujourd'hui** durch **ce jour-là** sowie **ce soir** durch **ce soir-là**.

> Il m'a demandé : « Qu'est-ce que tu as fait **hier** ? »
> Il m'a demandé ce que j'avais fait **la veille**.

> Et il voulait savoir : « Qu'est-ce que tu vas faire **demain** ? »
> Et il voulait savoir ce que j'allais faire **le lendemain**.

> Et ma mère a demandé : « Tu as déjà fait tes devoirs **aujourd'hui** ? »
> Et ma mère a demandé si j'avais déjà fait mes devoirs **ce jour-là**.

Dies gilt nur, wenn das redeeinleitende Verb in der Vergangenheit steht. Bei anderen Tempora bleiben die Zeitangaben unverändert!

Indirekte Rede

1. In der folgenden indirekten Rede fehlen die Konjunktionen **si** und
que. Außerdem fehlen die Verbformen. Vervollständigen Sie. *

a) Mon ami dit _qu'_ il m' ___aime_____ . (aimer)

b) Et il ajoute _____ il m' _____ (aimer) encore dans 20 ans.

c) Il me demande tous les jours _____ je _____ (ne pas
en avoir) un autre.

d) Moi, je précise _____ je _____ (ne pas en voir) d'autres
depuis que je le connais.

e) Et je lui demande _____ il _____ (faire) la connaissance
d'une autre fille.

f) Lui, il répond _____ il _____ (ne jamais me quitter).

2. Setzen Sie folgende Sätze in die indirekte Rede. Verwenden Sie dabei
bei einer Aussage das redeeinleitende Verb **dire**, bei einer Frage das
Verb **demander**: **

Ma mère dit que … / Ma mère demande si …

a) « Est-ce que tu as déjà un petit ami ? »

 Elle demande si j'ai déjà un petit ami.

b) « Je veux que tu fasses tes devoirs. »

 _____

c) « Tu ne sortiras pas demain. »

 _____

d) « Je me sens mieux si tu restes à la maison. »

 _____

e) « Est-ce que tu as déjà rendu visite à tes grands-parents ? »

 _____

f) « Qu'est-ce que tu vas offrir à ton père pour son anniversaire ? »

 _____

g) « Pourrais-tu m'aider à faire la vaisselle ? »

 _____

3. Ergänzen Sie folgende indirekte Rede durch die passende Verbform.
Die redeeinleitenden Verben befinden sich in der Vergangenheit! *

a) Ma grand-mère voulait savoir si __j'avais déjà fait__ mes devoirs.

   (faire)

b) Elle m'a demandé si j' _____ (avoir) une petite amie.

c) Elle a dit qu'elle _____ (être mariée) depuis 40 ans.

d) Elle a ajouté qu'elle _____ (faire) la connaissance de

   mon grand-père pendant son voyage en Espagne.

e) Et elle a dit qu'elle ne le _____ (quitter) jamais.

f) Et elle a précisé qu'elle l'_____ (aimer) toujours.

g) Elle m'a demandé si je _____ (penser) comme elle.

4. Frau Dutour wird bald verreisen. Ihr Mann stellt ihr einige Fragen.
Setzen Sie folgende Sätze in die indirekte Rede. Die redeeinleitenden
Verben stehen im Präsens. **

Monsieur Dutour veut savoir de sa femme ...

a) « Est-ce que tu vas m'envoyer une carte postale ? »

   Il veut savoir si elle va lui envoyer une carte postale.

b) « Tu m'appelleras de Paris ?

   _____

c) « Je peux te téléphoner de temps en temps ? »

   _____

d) « Tu m'apporteras un petit cadeau ? »

   _____

e) « Est-ce que ta sœur va t'accompagner ? »

   _____

f) « Tu ne vas pas t'ennuyer sans moi ? »

   _____

g) « Qu'est-ce que je vais faire sans toi ? »

   _____

Indirekte Rede

5. Setzen Sie folgende direkte Rede in die Vergangenheit und in die indirekte Rede. Verwenden Sie dabei die passenden redeeinleitenden Verben.***

Mon professeur m'a demandé / voulait savoir / a dit / a ajouté...

a) « Est-ce que tu as fait tes devoirs ? »

  Mon professeur m'a demandé si j'avais fait mes devoirs.

b) « Quand est-ce que tu les as faits ? »

c) « Est-ce que quelqu'un t'a aidé à les faire ? »

d) « Pourrais-tu me répondre correctement ? »

e) « Je ne crois pas que tu puisses me donner une traduction correcte. »

f) « Pour cette traduction tu vas avoir une mauvaise note. »

g) « J'appellerai tes parents aujourd'hui même. »

h) « Demain tu me rendras cette lettre. »

i) « La prochaine fois, tu vas voir le directeur. »

j) « Qu'est-ce que tu fais pendant tout l'après-midi ? »

k) « Tu as déjà pensé à ton avenir ? »

l) « Il y a trente ans, un élève comme toi n'aurait pas travaillé comme ça. »

Adjektiv

1 C'est un bel hôtel avec une atmosphère agréable.

2 Oui, Madame Le Grand a vraiment de beaux hôtels.

---

1. Es ist ein schönes Hotel mit angenehmer Atmosphäre.
2. Ja, Madame Le Grand hat wirklich schöne Hotels.

Maskuline und feminine Adjektive

Das Adjektiv stimmt mit dem dazugehörigen Substantiv in Geschlecht und Zahl überein. In einigen Fällen hat das maskuline Adjektiv die gleiche Form wie das feminine. Meistens jedoch sind sie verschieden.

Grundregeln zur Bildung der femininen Form

1. Grundregel

Die feminine Form wird gebildet, indem man ein **-e** an die maskuline Form anhängt. Dies ist die 1. Grundregel zur Bildung der femininen Form.

Il est **petit**.	un rôle **important**
Elle est **petite**.	une question **importante**
un **mauvais** acteur	un fromage **français**
la **mauvaise** route	la langue **française**
un auteur **américain**	
une actrice **américaine**	

> Ebenso zum Beispiel: joli, nu, vrai, spécial, clair, extérieur, direct, suspect, droit, étonnant, intelligent, froid, chaud, laid, profond, grand, allemand, espagnol, anglais, chinois, gris

2. Grundregel

Endet die maskuline Form bereits auf **-e**, dann wird die feminine Form nicht weiter verändert.

un travail **difficile**   du vin **ordinaire**
une opération **difficile**   une personne **ordinaire**

un fromage **suisse**
la Confédération **suisse**

Ebenso zum Beispiel: facile, rare, sévère, pauvre, réalisable, rougeâtre, pittoresque, lisible, géométrique, égoïste, belge, russe, utile

Sonderregeln

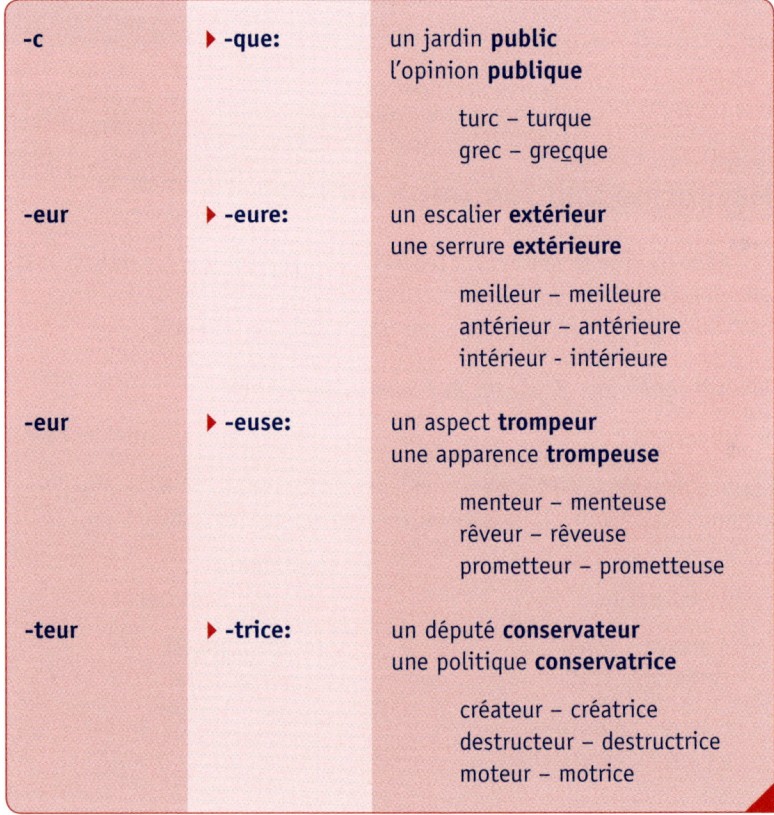

-c	▶ -que:	un jardin **public** l'opinion **publique** turc – turque grec – grecque
-eur	▶ -eure:	un escalier **extérieur** une serrure **extérieure** meilleur – meilleure antérieur – antérieure intérieur - intérieure
-eur	▶ -euse:	un aspect **trompeur** une apparence **trompeuse** menteur – menteuse rêveur – rêveuse prometteur – prometteuse
-teur	▶ -trice:	un député **conservateur** une politique **conservatrice** créateur – créatrice destructeur – destructrice moteur – motrice

-f	▶ -ve:	un pont **neuf** une idée **neuve**
		actif – active, vif – vive juif – juive, naïf – naïve
-el	▶ -elle:	un teint **naturel** de l'eau minérale **naturelle**
		tel – telle, réel – réelle individuel – individuelle
-eil	▶ -eille:	en **pareil** cas à **pareille** heure
-en -on	▶ -enne: ▶ -onne:	un meuble **ancien** une amitié **ancienne**
		un **bon** résultat une **bonne** excuse
		moyen – moyenne breton – bretonne européen – européenne
-er	▶ -ère:	un vin **léger** une matière **légère**
		premier – première cher – chère fier – fière
-et	▶ -ette:	un film **muet** une femme **muette**
		coquet – coquette net – nette
-et	▶ -ète:	un train **complet** une œuvre **complète**
		discret – discrète inquiet – inquiète

Die feminine Form zu bref lautet br**è**ve! **!**

Achtung: Adjektive auf **-al** und **–il** werden gemäß 1. Grundregel abgeleitet: amical – amicale, civil – civile **!**

159

-s	▶ -sse:	le foie **gras** la matière **grasse** bas – basse, gros – grosse épais – épaisse
-x	▶ -se:	un chemin **dangereux** une zone **dangereuse** jaloux – jalouse curieux – curieuse

Ausnahmen:
dou**x** – dou**ce**
fau**x** – fau**sse**
rou**x** – rou**sse**

Ausnahmen

aigu – *spitz*

maskulin	feminin	maskulin	feminin
aigu	aiguë	hébreu	hébraïque
blanc	blanche	long	longue
favori	favorite	paysan	paysanne
frais	fraîche	sec	sèche
gentil	gentille		

Adjektive mit zwei maskulinen Formen

Die zweite Singular-Form gibt es nur bei den Adjektiven **beau**, **vieux** und **nouveau**!

Drei maskuline Adjektive haben <u>im Singular</u> eine zweite Form, die <u>vor</u> Substantiven mit Vokal oder h steht. Wird das Adjektiv nachgestellt, erscheint wieder die normale maskuline Form.

maskulin	feminin
un **beau** studio un **bel** appartement un appartement **beau** et pas cher	une **belle** maison
un **vieux** monsieur un **vieil** homme un homme **vieux** et malade	une **vieille** femme
un **nouveau** pantalon un **nouvel** anorak un anorak **nouveau** et chic	une **nouvelle** jupe

Pluralbildung

Hier, j'ai rencontré des gens aimables.

Gestern habe ich nette Leute getroffen.

Grundregel

Der Plural der Adjektive lautet normalerweise auf **-s** (Grundregel).
Es gelten die gleichen Regeln wie für die Pluralbildung der Substantive.

▶ Pluralbildung bei Substantiven vgl. Seite 17

maskulin	feminin
un grand appartement de grand**s** appartements	une grand**e** maison de grand**es** maisons
petit – petits difficile – difficiles blanc – blancs	petite – petites difficile – difficiles blanche – blanches

1. Sonderregel

Maskuline Adjektive auf **-al** oder **-eau** bilden den Plural auf **-aux** bzw. **-eaux**.

maskulin	feminin
un signe ami**cal** des signes ami**caux**	une voix amicale des voix amicales
un b**eau** studio de b**eaux** studios	une belle maison de belles maisons
un **bel** appartement de b**eaux** appartements	

Ausnahme:
Die maskulinen Formen banal, fatal, final und naval bilden die Pluralform regelmäßig auf **-als**.

2. Sonderregel

Maskuline Singularformen auf **-s** und **-x** werden im Plural nicht verändert.

maskulin	feminin
un gro**s** chien de gro**s** chiens	une grosse valise de grosses valises

un chemin dangereu**x**	une zone dangereuse
des chemins dangereu**x**	des zones dangereuses
gris – gris	grise – grises
doux – doux	douce – douces

> In der Umgangssprache wird jedoch schon oft **des** benutzt.

Steht das Adjektiv vor dem Substantiv, so lautet der unbestimmte Artikel im Plural **de**.

un gros chien   <u>aber:</u> un chien dangereux
de gros chiens   **des** chiens dangereux

Besonderheiten bei der Angleichung des Adjektivs

C'est une jupe chic !

Das ist ein schicker Rock!

Unveränderliche Adjektive

Substantive, die als Adjektiv gebraucht werden, sind unveränderlich.

un pantalon azur   une robe azur
des pantalons azur   des robes azur

> ▸ abricot, aubergine, azur, cerise, citron, kaki, marron, olive, orange, paille, chic, snob, bon marché

Zusammengesetzte Adjektive

Grundregel

Werden zwei Adjektive durch Bindestrich zusammengesetzt (Adjektiv + Adjektiv), so werden beide verändert.

> sourd-muet –
> *taubstumm*

un enfant **sourd-muet**   une fille **sourde-muette**
des enfants **sourds-muets**   des femmes **sourdes-muettes**

> ▸ social-démocrate, chrétien-démocrate, libéral-démocrate

Sonderregeln

Endet das erste der beiden zusammengesetzten Adjektive auf **-o** oder bezeichnet es eine Himmelsrichtung, so wird es nicht verändert.

un film **franco-allemand**	l'amitié **franco-allemande**
des films **franco-allemands**	les relations **franco-allemandes**

Die gleiche Regel gilt für Zusammensetzungen, bei denen der erste Teil eine Präposition ist.

un pays **sous-développé**	une région **sous-développée**	sous-développé –
des pays **sous-développés**	des régions **sous-développées**	*unterentwickelt*

> ▸ germano-français, nord-américain, sud-africain, avant-dernier

Farbadjektive sind unveränderlich, wenn sie aus mehreren Wörtern bestehen.

un pantalon **bleu ciel**	une chemise **bleu ciel**
des pantalons **bleu ciel**	des chemises **bleu ciel**

> ▸ bleu marine, bleu vert, bleu clair, bleu foncé

Demi, **nu** und **nouveau** bleiben unverändert, wenn sie vor dem Substantiv stehen und mit diesem durch Bindestrich verbunden sind.

le **demi**-monde
une **demi**-heure

un **nouveau**-né
des **nouveau**-nés

Grand hat keine feminine Form, wenn es durch Bindestrich dem Substantiv vorangestellt ist.

> Im Plural trägt **grand** allerdings ein **-s**! !

le **grand**-père	la **grand**-mère
les **grands**-pères	les **grands**-mères
la **grand**-tante	ne... pas **grand**-chose
les **grands**-tantes	

163

Gebrauch

Il est **vieux**.	**Elle** est **vieille**.
Ils sont **vieux**.	**Elles** sont **vieilles**.

Das Adjektiv kann, wie im Deutschen, mit **être** verbunden werden. Es bezieht sich dann auf das <u>Subjekt</u> und richtet sich in Geschlecht und Zahl nach diesem.

Il est devenu **vieux**.	
Elle est devenue **vieille**.	devenir, paraître, sembler,
Les jours me semblent **courts**.	demeurer, rester, faire (in der
Les hommes demeurent **libres**.	Bedeutung von „wirken").
Ils sont restés **seuls**.	
Elle fait **vieille**.	

Wenige weitere Verben besitzen die gleiche Funktion wie être: Das Adjektiv bezieht sich also auf das Subjekt.

Je **le** trouve **beau**.	
Il **la** trouve **belle**.	
Je **les** crois **partis**.	trouver, croire, estimer, juger,
Vous pouvez **vous** estimer	déclarer, se dire, se prétendre,
heureux.	se sentir, se montrer, s'avérer,
Elle **se** dit **intelligente**.	rendre, avoir l'air
Elle **se** prétend **jeune**.	
Ils **se** sentent **seuls**.	

Bezieht sich ein Adjektiv auf ein <u>direktes Objekt</u>, so richtet es sich in Geschlecht und Zahl nach diesem.

Il a acheté un **grand appartement**.	Il a acheté une **grande maison**.
Il a acheté un **costume gris**.	Il a acheté une **cravate noire**.

Das Adjektiv kann sich auch, unabhängig von einem Verb, unmittelbar auf ein Substantiv beziehen. Es richtet sich dann in Geschlecht und Zahl nach diesem.

Voranstellung oder Nachstellung des Adjektivs

C'était un film intéressant.

Das war ein interessanter Film.

Nachstellung

Die meisten Adjektive werden nachgestellt. Hierzu gehören Adjektive, die folgende Eigenschaften bezeichnen:

Farben, Formen, Aussehen:	une voiture **rouge** des cheveux **blonds** une table **ronde** une maison **neuve**
physische, körperliche oder geistige Eigenschaften:	un climat **sec** une valise **lourde** une femme **mince** un homme **sage**
Nationalität, Religion, Wirtschaft, Soziales, Politik, Kultur:	l'économie **française** la situation **actuelle**
Geographie, Zeit:	les pays **nordiques** un rapport **annuel**
adjektivisch gebrauchte Partizipien:	un chemin **barré** un travail **fatigant**

Auch mehrsilbige Adjektive werden immer nachgestellt:

un but **irréalisable**	une lettre **illisible**

Voranstellung

Nur wenige, <u>kurze</u> Adjektive stehen meist vor dem Substantiv.

petit, bon, mauvais, beau, joli, vieux, gros, bref, haut, bas, meilleur, moindre

un **petit** jardin **bonne** nouvelle	une **meilleure** idée une **jolie** fille	une **mauvaise** surprise

165

Nach- oder Voranstellung

("V" steht für „Bedeutung des vorangestellten Adjektivs", „N" für „Bedeutung des nachgestellten Adjektivs")

Einige häufig gebrauchte Adjektive haben je nach Stellung eine unterschiedliche Bedeutung. Die wichtigsten Adjektive dieser Gruppe sind:

Achten Sie in Wörterbüchern auf die Hinweise *vorangestellt* bzw. *nachgestellt*!

une **ancienne** amie	V: *ehemalig*
une ville **ancienne**	N: *alt*
une **brave** femme	V: *anständig*
une femme **brave**	N: *tapfer*
un **certain** Michel	V: *gewisser*
une date **certaine**	N: *sicher*
cher ami	V: *Lieber...*
des chaussures **chères**	N: *teuer*
un **court** séjour	V: *kurz* (zeitlich)
une jupe **courte**	N: *kurz* (räumlich)
le **dernier** visiteur	V: *letzter*
la semaine **dernière**	N: *vorige*
un **grand** homme	V: *bedeutend*
un homme **grand**	N: *groß*
un **jeune** homme	V: *jung*
un homme **jeune**	N: *jugendlich*
une **longue** maladie	V: *lang* (zeitlich)
une robe **longue**	N: *lang* (räumlich)
une **nouvelle** voiture	V: *neu, anderes*
une voiture **nouvelle**	N: *neu* (fabrikneu)
une **pauvre** fille	V: *bedauernswert*
une fille **pauvre**	N: *arm, mittellos*
mes **propres** paroles	V: *eigen*
une assiette **propre**	N: *sauber*
un **rare** esprit	V: *außergewöhnlich*
une plante **rare**	N: *selten*
un **sacré** menteur	V: *verflucht*
les livres **sacrés**	N: *heilig*
Saint-Michel	V: Heiliger + Vorname
l'Histoire **sainte**	N: *heilig*
un **sale** travail	V: *übel, Sau... („Sauarbeit")*
des mains **sales**	N: *schmutzig*

| le **seul** ami | V: *einzig* |
| un homme **seul** | N: *einsam, alleinstehend* |

| vêtu d'un **simple** pull | V: *bloß mit* |
| un homme **simple** | N: *einfach* |

| un **triste** état | V: *kümmerlich* |
| une histoire **triste** | N: *traurig* |

| du **vrai** bois | V: *richtig, echt* |
| une histoire **vraie** | N: *wahr* |

> **vrai**
> Voranstellung: *echt*
> im Sinne von *nicht ge-*
> *fälscht*
> Nachstellung: *wahr* im
> Sinne von *nicht*
> *erfunden*

Die Stellung von zwei Adjektiven

Beide Adjektive können den Platz behalten, den sie auch bei alleinigem Auftreten haben. Stehen jedoch zwei Adjektive vor oder nach dem Substantiv, so werden sie mit **et** verbunden.

  un **mauvais** auteur **américain**
  une **grande et belle** femme
  un hôtel **tranquille et confortable**

Beide Adjektive können auch nachgestellt werden, selbst wenn sie einzeln vorangestellt würden. Auch in diesem Falle sind sie mit **et** zu verbinden.

  une femme **grande et belle**
  une maison **grande et vieille**
  des vacances **longues et belles**

Steigerung des Adjektivs

1 La chemise rose est **aussi chère que** la chemise grise.

2 Le jean rouge est **plus cher que** le jean jaune.

3 Le tee-shirt noir est **moins cher que** le tee-shirt blanc.

---

1. Das rosa Hemd ist genauso teuer wie das graue Hemd. 2. Die rote Jeans ist teurer als die gelbe Jeans. 3. Das schwarze T-Shirt ist billiger als das weiße T-Shirt.

Bildung des Komparativs

Der Komparativ wird nach dem folgenden Schema gebildet:
„Gleichheit" wird ausgedrückt durch **aussi** + Adjektiv + **que**.

> Michel est **aussi grand que** Paul.
> Emma est **aussi sportive qu'**Anne.

„Überlegenheit" wird ausgedrückt durch **plus** + Adjektiv + **que**.

> Eric est **plus grand que** Pierre.
> Annick est **plus sportive qu'**Alain.

„Unterlegenheit" wird ausgedrückt durch **moins** + Adjektiv + **que**.

> Pierre est **moins grand qu'**Eric.
> Alain est **moins sportif qu'**Annick.

Bildung des Superlativs

Der Superlativ wird ausgedrückt durch **le** / **la** / **les plus** + Adjektiv.

> Quelle est la fille **la plus sportive** ?
> Annick est la fille **la plus sportive**.

beziehungsweise durch **le** / **la** / **les moins** + Adjektiv.

> Quel est le garçon **le moins grand** ?
> Pierre est **le moins grand**.

Unregelmäßige Steigerungsformen

Die Adjektive **bon**, **mauvais** (im Sinne von „schlimm") und **petit** (im Sinne von „gering") haben unregelmäßige Steigerungsformen:

bon(s)	meilleur(s)	le / les meilleur(s)
bonne(s)	meilleure(s)	la / les meilleure(s)
mauvais	pire(s)	le / les pire(s)
mauvaise(s)	pire(s)	la / les pire(s)
petit(s)	moindre(s)	le / les moindre(s)
petite(s)	moindre(s)	la / les moindre(s)

Mauvais im Sinne von „schlecht" oder **petit** im Sinne von „klein" werden regelmäßig mit **plus** gesteigert. **!**

> Ce vin est **bon**.
> Celui-ci est **meilleur** (que l'autre).
> Et celui-là est **le meilleur** de tous.
> Mes **meilleurs** vœux !

> Cet homme est **mauvais**.
> Les hommes sont **pires que** les femmes.
> Le travail est **la pire des choses**.

> Voilà ses **petits** problèmes.
> Aujourd'hui, ses problèmes sont **moindres** qu'ils ne l'étaient hier.
> Et demain, il va nous expliquer **les moindres détails** de ses problèmes.

Adjektiv

1. Ergänzen Sie die fehlenden maskulinen oder femininen Formen des Adjektivs. *

aigu – *spitz*
public – *öffentlich*
vive – *lebendig, lebhaft*
amer – *bitter*
net – *klar, deutlich*
jalouse – *eifersüchtig*
bon marché – *günstig*
gras - *fett, schmierig*

a) froid _____froide_____   b) _____ rare

c) _____ secrète   d) européen _____

e) faux _____   f) aigu _____

g) public _____   h) _____ facile

i) _____ réelle   j) _____ fraîche

k) turc _____   l) grec _____

m) _____ vive   n) amer _____

o) net _____   p) gros _____

q) blanc _____   r) _____ jalouse

s) suisse _____   t) _____ russe

u) bon marché _____   v) citron _____

w) complet _____   x) gras _____

2. Ergänzen Sie die fehlenden Singular- oder Pluralformen des Adjektivs. *

fatal – *schicksalhaft*
gris – *grau*
amical – *freundschaftlich*

	maskulin Singular	maskulin Plural	feminin Singular	feminin Plural
a)	_mauvais_	mauvais	_____	_____
b)	fatal	_____	_____	_____
c)	_____	gris	_____	_____
d)	long	_____	_____	_____
e)	amical	_____	_____	_____
f)	_____	beaux	_____	_____
g)	_____	vieux	_____	_____
h)	dur	_____	_____	_____
i)	gentil	_____	_____	_____
j)	_____	_____	_____	fraîches
k)	européen	_____	_____	_____
l)	sec	_____	_____	_____

3. Entscheiden Sie, ob in folgenden Sätzen das Adjektiv voran- oder nachgestellt wird. Achten Sie auf die Angleichung! **

a) L'année dernière, nous avons acheté une ___nouvelle___

maison _____.

b) Elle a une _____ salle de séjour _____, une

_____ salle de bains _____ et quatre

_____ chambres _____.

c) C'était un _____ travail _____ pour nettoyer

cette _____ maison _____ .

d) Ma _____ mère _____ !

e) Elle a fait ce _____ travail _____ jusqu'au

_____ moment _____ avant de déménager.

f) Mais enfin, après de _____ travaux _____ ,

on avait une _____ maison _____ .

g) Le _____ défaut _____ de cette maison, c'est

sa _____ isolation _____ .

a) ~~nouveau~~

b) grand, minuscule, petit

c) fatigant, vieux

d) pauvre

e) sale, dernier

e) long, propre

f) seul, mauvais

4. Verbinden Sie die angegebenen Wörter zu einem Satz. Achten Sie dabei auf die Endungen der Adjektive sowie auf ihre Stellung. ***

a) je – acheter – ancien – une voiture

___J'achète une voiture ancienne.___

b) il – avoir – brun – des cheveux

_____

c) elle – faire – léger – une sauce

_____

d) ils – faire partie de – catholique – l'église

_____

e) tu – écrire avec – gauche – la main

_____

f) je – lire – gros – un livre

_____

Adjektiv

g) vous – raconter – bref – une histoire

_____

h) elle – arriver avec – cassé – jambe

_____

i) ils – préférer – turc – la nourriture

_____

j) je – voir – franco-allemand – une pièce

_____

k) elle – contacter – certain – Yves

_____

l) elles – porter – long – des robes

_____

m) il – s'acheter – nouveau *(fabrikneu)* – une voiture

_____

n) elle – mener – simple – une vie

_____

o) ils – avoir passé l'examen – dernier – la semaine

_____

p) il - mon – être – ami – seul *(einziger)*

_____

q) mes parents – appartement – avoir – grand

_____

5. Formen Sie die Sätze zu einem neuen Satz um. Verwenden Sie dabei das angegebene Adjektiv in der Komparativform. **

a) Le château de Chenonceaux date du 16e siècle. Celui de Versailles date du 17e siècle. (vieux)

  Le château de Chenonceaux est plus vieux que celui de Versailles.

b) Monique mesure 1 m 80. Florence mesure 1 m 70. (grand)

_____

c)   M. Dutour a acheté sa voiture en 1997. M. Floret a acheté la sienne en

1996. (neuf)

_____

_____

d)   Une chambre à l'Hôtel de Provence coûte 53 euros, à l'Hôtel de

Normandie seulement 49 euros. (cher)

_____

_____

e)   Voilà les résultats de l'examen : Olivier a 85 points, Marc a 78 points.

(bon)

_____

f)   Barbara crie de temps en temps. Michel crie tous les jours.

(mauvais)

_____

Adverb

1 Normalement, Anne
travaille sérieusement.

2 Mais aujourd'hui, elle ne
travaille pas bien parce
qu'elle est fatiguée.

---

1. Normalerweise arbeitet Anne gewissenhaft.
2. Aber heute arbeitet sie nicht gut, weil sie müde ist.

! Im Französischen hat das Adverb im Gegensatz zum Deutschen eine andere Form als das Adjektiv!

Im Französischen muss man zwischen Adjektiv und Adverb unterscheiden, denn sie besitzen verschiedene Formen.
Französische Adverbien haben entweder die Endung **-ment** oder eine besondere Form, die sich von dem dazugehörigen Adjektiv unterscheidet.

▶ Vgl. S. 164

Gebrauch

Elle est courageuse.
Ils sont rapides.
Elle est devenue vieille.

Bei **être** und einer kleinen Reihe anderer Verben (vgl. Seite 164) steht das Adjektiv, denn in Sätzen mit **être** werden die Personen oder Dinge durch Adjektive beschrieben (Wie ist jemand bzw. eine Sache?).

Elle travaille **courageusement**.
Ils sont partis **rapidement**.
Elle mange **bien**.

In den obigen Beispielen werden Verben näher bestimmt (Wie erfolgt eine Handlung?). Es stehen somit **Adverbien**, die sich der Form nach von Adjektiven unterscheiden.

C'est **extrêmement** simple.
Elle est **sérieusement** blessée.
Elle est **très** contente.

■ Adverbien können auch Adjektive näher bestimmen
(Wie schön / gut / schlecht … ist jemand oder etwas?).

Elle mange **très** lentement.
J'y suis allé **assez** régulièrement.
Ils boivent **beaucoup** trop.

■ Adverbien können auch andere Adverbien näher bestimmen
(**lentement**, **régulièrement**, **trop**).

Bildung des Adverbs auf -ment

Notre hôtel est entièrement climatisé.

Unser Hotel ist vollklimatisiert.

Grundregeln

An die feminine Form des Adjektivs wird die Endung **-ment** angehängt.

heureux, -euse	▸ **heureusement**
rare	▸ **rarement**
complet, -ète	▸ **complètement**

Einige Adjektive auf **-e** bilden das Adverb auf **-ément**.

profond, e	▸ **profondément**
énorme	▸ **énormément**
précis, e	▸ **précisément**
conforme	▸ **conformément**
commun	▸ **communément**

Bei einigen Adjektiven, deren maskuline Form auf einen Vokal endet, entfällt beim Adverb das **-e**.

vrai, e	▸ **vraiment**
absolu, e	▸ **absolument**
poli, e	▸ **poliment**

Ausnahme:
gai – gaiement oder gaîment

!

175

> **!** **Ausnahmen:**
> lent – lentement,
> présent –
> présentement,
> véhément –
> véhémentement

Adjektive auf **-ant** oder **-ent** bilden das Adverb meist auf **-amment** bzw. **-emment**.

constant, e	▶ **constamment**
suffisant, e	▶ **suffisamment**
prudent, e	▶ **prudemment**

Sonderformen

Einige Adjektive bilden besondere Adverbien, die sich nicht herleiten lassen:

bon, bonne	▶ **bien**
meilleur, e	▶ **mieux**
mauvais, e	▶ **mal**
bref, brève	▶ **brièvement**
gentil, gentille	▶ **gentiment**
journalier, -ière	▶ **journellement**
rapide	▶ **rapidement / vite**

Stellung des Adverbs auf -ment

Gebrauch

Das Adverb auf **-ment** steht...

Elle travaille **sérieusement**.   Elle travaillera **sérieusement**.

– bei einfachen Zeiten hinter der konjugierten Verbform.

Elle ne travaille pas **sérieusement**.

– bei einem verneinten Verb nach dem zweiten Verneinungselement (**pas**, **plus**...).

Elle a travaillé **sérieusement**.   Elle va travailler **sérieusement**.

– bei zusammengesetzten Zeiten meist nach dem Partizip bzw. meistens nach dem Infinitiv.

Heureusement, dans trois semaines je serai en vacances.
Malheureusement, j'ai encore beaucoup de travail à faire.

– am Satzanfang, wenn es sich auf den ganzen Satz bezieht.

Steigerung des Adverbs

> Ma fille travaille plus sérieusement que mon fils.

Meine Tochter arbeitet gewissenhafter als mein Sohn.

Grundregel

„Gleichheit" wird ausgedrückt durch **aussi** + Adverb + **que**.

Il travaille **aussi** sérieusement **qu**'elle.
(... genauso gewissenhaft wie ...)

„Überlegenheit" wird ausgedrückt durch **plus** + Adverb + **que**.

Elle travaille **plus** sérieusement **que** son frère.
(... gewissenhafter als ...)

„Unterlegenheit" wird ausgedrückt durch **moins** + Adverb + **que**.

Il parle **moins** bien **qu**'elle.
(... nicht so gut wie ...)

Der **Superlativ** des Adverbs wird durch **le plus**... oder **le moins**... gebildet.

Il parle **le plus** vite.   Il raisonne **le moins** logiquement.

Bei « le plus » oder « le moins » wird nicht zwischen den Geschlechtern unterschieden!

Sonderformen

Sonderformen von **bien**

aussi bien (que)	Elle parle **aussi bien que** lui.
mieux (que)	Elle parle **mieux que** lui.
moins bien (que)	Elle parle **moins bien que** lui.
le mieux	Elle parle **le mieux**.

Sonderformen von **peu**

aussi peu (que)	Je le vois **aussi peu qu**'elle.
moins (que)	Je le vois **moins qu**'elle.
plus (que)	Je le vois **plus qu**'elle.
le moins	Je le vois **le moins**.

moins (que) – *seltener (als)*
plus (que) – *häufiger (als)*
le plus – *am häufigsten*

autant (que) –
genauso viel (wie)
plus (que) – *mehr als*
moins (que) –
weniger (als)
le plus – *am meisten*

Sonderformen von **beaucoup**

autant (que)	Il parle **autant qu'**elle.
plus (que)	Il parle **plus qu'**elle.
moins (que)	Il parle **moins qu'**elle.
le plus	Il parle **le plus**.

Achtung: Soll mit **plus** oder **moins** eine Mengenangabe eingeleitet werden, so steht anstelle von **que** ein **de**.

Elle gagne **plus de** 2000 euros par mois.

Als Adverb gebrauchte Adjektive

Einige Adjektive werden als Adverb gebraucht und sind daher unveränderlich. Die wichtigsten Wendungen sind:

Achetez français.	*Kauft französische Produkte!*
Parlez plus fort.	*Sprechen Sie lauter!*
Parlez bas.	*Sprechen Sie leise!*
Votez socialiste.	*Wählen Sie die sozialistische Partei!*
Il faut **marcher droit.**	*Man muss gerade gehen.*
Ils **gagnent gros.**	*Sie verdienen viel.*
Vous **allez tout droit.**	*Gehen Sie geradeaus.*
Elle **travaille dur.**	*Sie arbeitet hart*
Elle **chante faux / juste.**	*Sie singt falsch / richtig.*
Ça **sonne faux / juste.**	*Dies klingt falsch / richtig.*
Ça **coûte cher.**	*Das ist teuer.*
Ça **sent bon / mauvais.**	*Das riecht gut / schlecht.*

Als Adjektiv gebrauchte Adverbien

Die Adverbien **bien**, **mal** und **mieux** können auch als Adjektiv gebraucht werden.

Ce restaurant est **bien**.	*Dieses Restaurant ist gut.*
Ce restaurant est **mieux**.	*Dieses Restaurant ist besser.*
Ce restaurant n'est **pas mal**.	*Dieses Restaurant ist nicht schlecht.*
Je connais beaucoup de **gens bien**.	*Ich kenne viele anständige Leute.*
Je voudrais manger **quelque chose de bien.**	*Ich möchte etwas Gutes essen.*
Elle n'a **rien fait de mal.**	*Sie hat nichts Schlechtes getan.*
Il n'a pas fait **grand-chose de bien**.	*Er hat nicht viel Gutes getan.*

très, beaucoup, bien und tout

Dès maintenant, je vais travailler très sérieusement.

_____

Von jetzt an werde ich sehr gewissenhaft arbeiten.

Très steht

– vor Adjektiven:

Cet appartement est **très grand**.   deutsche Bedeutung: *„sehr"*

– vor Adverbien:

Il se vend **très facilement**.   deutsche Bedeutung: *„sehr"*

- in Wendungen mit **avoir**, bei denen ein Substantiv ohne Artikel steht.

J'ai **très faim** et **très soif**.   deutsche Bedeutung: *„groß"*

Beaucoup steht

– bei Verben:

Cet auteur me **plaît beaucoup**.   deutsche Bedeutung: *„sehr"*

– vor Komparativen:

Il est **beaucoup plus dynamique**   dt. Bedeutung: *„viel"*
que l'autre.

– vor dem Adverb **trop**:

L'autre est **beaucoup trop**   deutsche Bedeutung: *„viel"*
monotone.

Bien wird verwendet

– bei Verben:

Elle a **bien mangé**.   deutsche Bedeutung: *„viel"*

– vor Adjektiven:

Nous sommes **bien contents**.   deutsche Bedeutung: *„sehr"*

– vor Adverbien:

Elle va **bien souvent** en France.   deutsche Bedeutung: *„sehr"*

– vor Komparativen mit **plus**, **meilleur**, **pire** und **davantage**:

La valise est **bien plus** lourde
que la mienne.
Cette bière est **bien meilleure**.   deutsche Bedeutung: *„viel"*
Ce vin est **bien pire** que l'autre.
Il boit **bien davantage** que
son amie.

Tout kann neben Adverb auch Begleiter und Pronomen sein (vgl. hierzu Seite 35 bzw. 60)

Mit **tout** werden Adjektive verstärkt. Nur vor femininen Adjektiven, die mit einem Konsonanten beginnen, wird **tout** an das Adjektiv angeglichen.

Il est **tout** seul.   Elle est **toute** s̲eule.
Ils sont **tout** seuls.   Elle̲s sont **toutes** s̲eules.

Beginnen die femininen Adjektive mit einem Vokal oder h, so bleibt **tout**, wie bei Adverbien üblich, unverändert.

Il est **tout** heureux.   Elle est **tout** h̲eureuse.
Ils sont **tout** heureux.   Elles sont **tout** h̲eureuses.

1. Setzen Sie die fehlenden Formen des Adverbs ein. *
M. = Michel; S = Sabine

a) M. Tu veux ____vraiment____ acheter une nouvelle voiture ?

b) S. _____ . J'ai _____ demandé à mes

parents. Ils vont me prêter _____ de l'argent pour

pouvoir acheter cette voiture _____ économe en

essence.

c) M. Ecoute-moi _____ . Je ne veux pas que tu roules trop

_____ avec cette nouvelle voiture.

d) S. _____ , je ne te comprends pas. Je n'ai pas envie de

conduire _____ avec ma nouvelle voiture.

e) M. Je sais. Et je sais aussi que tu as travaillé _____ pour

avoir de l'argent. Et en plus, tu as acheté _____. Ça

ne va pas _____ améliorer la situation économique

de notre pays. Tu vas voir, cette discussion va tourner

_____ . Maintenant, je suis _____

touché. Je veux t'expliquer plus _____ la situation :

Il vaut _____ que je te quitte.

a) ~~vrai~~

b) absolu – gentil –

généreux –

extrême

c) bon – rapide

d) franc – lent

e) dur – français –

terrible - mauvais

– profond – précis

– meilleur

2. Bilden Sie aus den Adjektiven Adverbien. *

a) heureux ____heureusement____

b) énorme _____

c) profond _____

d) suffisant _____

e) bon _____

f) gentil _____

g) vrai _____

h) poli _____

i) complet _____

j) rare _____

Adverb

k) bref   _____

l) lent   _____

m) absolu   _____

n) extrême   _____

o) courageux   _____

p) conforme   _____

q) précis   _____

3. Entscheiden Sie, ob ein Adjektiv oder ein Adverb einzutragen ist. **

a) ~~heureux~~

b) récent

c) énorme

d) complet

e) meilleur

f) mauvais

g) bon

h) bon

a) Yvette est une fille _____heureuse_____ .

   _____ j'ai pensé à l'anniversaire de ma femme.

b) Ils ont construit leur maison _____ .

   La zone piétonne de notre ville est _____ .

c) Cet avion fait un bruit _____ .

   Oui, tu as raison, il fait _____ de bruit.

d) Tu fais ton gâteau avec de la farine _____ ?

   Oui, mais j'ai _____ oublié d'en acheter.

e) Je comprends _____ l'italien que l'espagnol.

   Mon idée est _____ que celle de Pascal.

f) Avec ce brouillard, on voit _____ .

   C'est une _____ période pour partir en vacances.

g) Tu vas _____ ?

   Oui. Et on a vraiment _____ mangé.

h) Ça sent _____ chez toi.

   Tu as _____ cuisiné.

Zahlen und Zeitangaben

Grundzahlen

0	zéro	18	dix-huit	80	quatre-vingt**s**
1	**un, une**	19	dix-neuf	81	quatre-ving**t-un**/**une**
2	deux	20	ving**t**	82	quatre-ving**t**-deux
3	trois	21	ving**t et** un/une	90	quatre-ving**t**-dix
4	quatre	22	ving**t**-deux	91	quatre-ving**t-onze**
5	cinq	23	ving**t**-trois	100	cent
6	six	30	trente	101	cent **un**/**une**
7	sept	31	trente **et** un/une	102	cent deux
8	huit	40	quarante	110	cent dix
9	neuf	41	quarante **et** un/une	180	cent quatre-vingt**s**
10	dix	50	cin**qu**ante	200	deux cent**s**
11	onze	51	cin**qu**ante **et** un/une	201	deux cen**t un**/**une**
12	douze	60	soixante	1 000	mille
13	treize	61	soixante et un/une	1 001	mille **un**/**une**
14	quatorze	70	soixante-**dix**	2 000	deux mill**e**
15	quinze	71	soixante **et** onze	1 000 000	un million
16	seize	72	soixante-douze	2 000 000	deux million**s**
17	dix-sept	73	soixante-treize	1 000 000 000	un milliard

> Beachten Sie besonders die Bildung der Zahlen von 70 bis 99! **!**

Un und **une** als Zahlwörter richten sich im Geschlecht nach dem dazugehörigen Substantiv. Gehört un/une jedoch zu einer Zahl, die nach dem zugehörigen Substantiv steht, so heißt es immer „un".

> Tu veux manger combien de bananes ? **Une** ou deux ? – Deux.
> Ce livre contient soixante et **une** pages.
> Mes élèves, ouvrez vos livres à la page soixante et **un**.

Bei 21, 31, 41, 51, 61 und 71 steht zwischen den Zehnern und Einern ein **et**.

vingt **et** un	cinquante **et** un
trente **et** un	soixante **et** un
quarante **et** un	soixante **et** onze

Nach **quatre-vingt**, **cent** und **mille** folgen die Einer direkt, ohne **et**.

quatre-vingt-**un**	cent **un**
	mille **un**

Grundzahlen

Bei den übrigen Zahlen bis 99 werden die „Einer" mit Bindestrich angehängt.

vingt-deux	quatre-vingt-un
trente-neuf	quatre-vingt-onze
soixante-dix-neuf	quatre-vingt-dix-neuf

Zahlen, die mit **cent**, **mille**, **million** oder **milliard** verbunden werden, stehen ohne Bindestrich.

cent cinquante	trois millions cinq cent mille
deux mille	

quatre-vingts wird mit, **vingt** wird ohne **-s** geschrieben. Folgt auf **quatre-vingts** eine weitere Zahl, so fällt das **-s** weg.

> Ma grand-mère a quatre-vingt**s** ans. Elle s'est mariée à ving**t** ans.
> Mon grand-père est mort à quatre-ving**t**-deux ans.

Cent im Plural bekommt nur ein **-s**, wenn keine weitere Zahl folgt.

> Je voudrais **deux cents** grammes de gruyère râpé et **deux cent cinquante** grammes de parmesan.

Mille ist unveränderlich.

> Il me faut aller à la banque pour retirer **deux mille** euros.

Million und **milliard** sind veränderlich. Ein **de** nach **million** oder **milliard** steht nur dann, wenn keine weitere Zahl folgt.

> Cette maison a coûté **deux millions d'**euros.
> Et la maison en Espagne vaut **trois millions cinq cent mille euros**.
> En tout, je possède environs deux **milliards d'**euros.

septante (= 70)
nonante (= 90)
huitante (= 80)

In Belgien und in der französischsprachigen Schweiz werden offiziell **septante** und **nonante** benutzt. **Huitante** ist eine inoffizielle regionale Variante, die nur in der französischsprachigen Schweiz vorkommt.

Für die Jahreszahlen gibt es zwei Lesarten.

Die zweite Variante der Jahreszahl, « dix-neuf cent quatre-vingts ... », wird bevorzugt.

> En l'an **mille neuf cent quatre-vingts**...
> En **dix-neuf cent quatre-vingts**...

Ordnungszahlen

1er	le premier	12^e	le / la douzième
1ère	la première	13^e	le / la treizième
2^e	le deuxième	14^e	le / la quatorzième
2^e	la deuxième	15^e	le / la quinzième
2nd	le second	16^e	le / la seizième
2nde	la seconde	17e	le / la dix-septième
3^e	le / la troisième	18e	le / la dix-huitième
4^e	le / la quatrième	19^e	le / la dix-neuvième
5^e	le / la cinquième	20^e	le / la vingtième
6^e	le / la sixième	21^e	le / la vingt et unième
7e	le / la septième	22^e	le / la vingt-deuxième
8e	le / la huitième	31^e	le / la trentième
9^e	le / la neuvième	80^e	le / la quatre-vingtième
10^e	le / la dixième	100^e	le / la centième
11^e	le / la onzième	1000^e	le / la millième

Premier und **second** können nicht mit anderen Zahlen verbunden werden. An ihrer Stelle steht **unième** bzw. **deuxième**.

▶ zur Datumsangabe, vgl. Seite 188

vingt et un	▶ le / la vingt et **unième**
cent un	▶ le / la cent **unième**
mille un	▶ le / la mille **unième**

Deuxième und **second(e)** werden im Deutschen mit „der / die / das Zweite" übersetzt und sind manchmal austauschbar. Second(e) steht eher dann, wenn es nur „zwei Sachen" gibt.

Deuxième wird insgesamt häufiger benützt als **second(e)**.

J'aime surtout le **deuxième** chapitre de ce livre.
La **Seconde** Guerre mondiale était cruelle.
Comme mon mari est au chômage, j'achète des articles de **second** choix.

Bei den Herrschernamen steht nur beim „Ersten" die Ordnungszahl, ansonsten die Grundzahl.

Napoléon Ier (gesprochen: premier), Napoléon III (gesprochen: trois)
Elisabeth Ière (gesprochen: première)

„Jedes zweite, dritte ..."entspricht im Französischen der Konstruktion **un / une** + Substantiv + Grundzahl.

J'ai lu **un** livre **sur** deux.
Une maison **sur** cinq date du 18e siècle.

Bruchzahlen

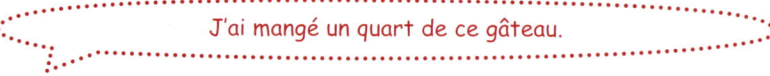

J'ai mangé un quart de ce gâteau.

Ich habe ein Viertel von diesem Kuchen gegessen.

Mit Ausnahme von **un demi**, **un tiers** und **un quart** entsprechen die Bruchzahlen den Ordnungszahlen.

> 1/2   un demi
> 1/3   un tiers
> 1/4   un quart
> 1/10   un dixième.
> 3/4   trois quart<u>s</u>

> **!** Wenn **demi** dem Substantiv vorangestellt ist (mit Bindestrich), ist es unveränderlich!

Je voudrais **une demi-bouteille** de vin blanc.
Ich möchte eine halbe Flasche Weißwein. (kleine Flasche)

Normalement, il boit la **moitié d'une bouteille** de vin blanc.
Normalerweise trinkt er eine halbe Flasche Weißwein. (von einer ganzen)

Mais hier, il a bu **une bouteille et demie** de vin blanc.
Aber gestern hat er eineinhalb Flaschen Weißwein getrunken.

Sammelzahlen

Je voudrais une douzaine d'escargots.

Ich hätte gerne ein Dutzend Schnecken.

Will man zum Ausdruck bringen, dass eine Zahl ungefähr 10, 15, 20, 30, 40, 50, 60 oder 100 beträgt, so hängt man die Endung **-aine** an die Grundzahl an.

> une **quinzaine** de jours
> une **dizaine** d'amis
> une **vingtaine** d'années
> une **trentaine** d'invités

„Ungefähr tausend" wird mit **un millier** übersetzt.

Au spectacle, il y avait **un millier** de personnes.

Für andere Zahlen muss eine Umschreibung mit **environ** + Grundzahl
gewählt werden.

environ soixante-dix	*ungefähr siebzig*
environ quatre-vingts	*ungefähr achtzig*

„Dutzend" (also genau 12) heißt im Französischen **une douzaine**.

une douzaine d'escargots
une douzaine de serviettes

Zeitangaben

Quelle heure est-il ?

Vous avez quelle heure ?

Wie spät ist es?

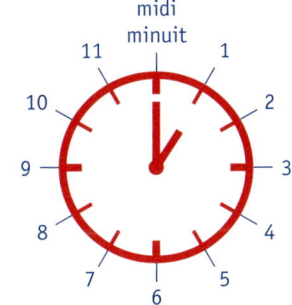

Il est une **heure**.
Il est trois **heures**.
Il est **midi**.
Il est **minuit**.

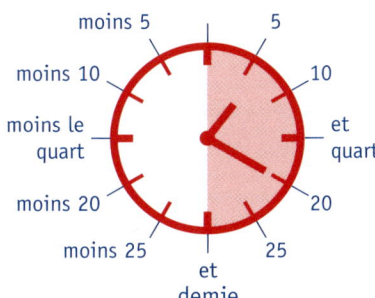

Il est une heure **cinq**.
Il est cinq heures **moins vingt**.
Il est trois heures **et quart**.
Il est huit heures **et demie**.
Il est dix heures **moins le quart**.
Il est midi moins **vingt-cinq**.
Il est minuit **et quart**.

Bei der offiziellen Uhr (am Bahnhof, im Radio etc.) wird wie im Deutschen
durchgezählt.

Il est **deux heures trente-cinq**.
Il est **quinze heures cinquante-huit**.
Il est **zéro heure quinze**.

Datumsangabe

1 On est le combien aujourd'hui ?

2 Quand est-ce qu'il arrive ?

On est le premier avril.

Il arrive le quinze mars.

---

1. *Der wievielte ist heute? – Es ist der erste April.*
2. *Wann kommt er? – Er kommt am fünfzehnten März.*

Bei der Datumsangabe wird nur der Erste des Monats mit der Ordnungszahl wiedergegeben.

> Je reviendrai le **premier** novembre.
> Il est né le **premier** avril.

Beim 2. bis 31. stehen die Grundzahlen.

> Les vacances commencent le **cinq** juillet.
> Cette lettre date **du quatorze** janvier.

> ▶ Zum Gebrauch des Artikels bei Angabe der Tageszeit, des Wochentags und des Datums, vgl. Seite 23

Anders als im Deutschen steht immer der bestimmte Artikel ohne Präposition.

> Il est né **le** neuf décembre.
> Aujourd'hui, nous sommes **le** cinq septembre.

Eine Zeitspanne wird mit der Wendung **« du … jusqu'au »** ausgedrückt.

> Je serai en vacances **du** treize mai **jusqu'au** trois juin.
> *Ich werde **vom** dreizehnten Mai **bis zum** dritten Juni im Urlaub sein.*

> Il a été malade **du** vingt-huit novembre **jusqu'au** premier décembre.
> *Er war **vom** achtundzwanzigsten November **bis zum** ersten Dezember krank.*

Bei Wochentagen steht der bestimmte Artikel

– wenn etwas <u>regelmäßig</u> geschieht:

> **Le** lundi, je dois me lever à six heures. *(„montags")*
> **Le** dimanche, ma grand-mère va à l'eglise. *(„sonntags")*

– und wenn eine Datumsangabe folgt:

> Aujourd'hui, nous sommes **le** jeudi 10 mai.
> Je suis revenu **le** samedi 20 septembre.

1. Schreiben Sie folgende deutsche Datumsangaben um. Schreiben Sie die Monatsnamen aus. *

a) 20. April 2005 _____20 avril 2005_____

b) 1. September 1939 _____

c) 11. November 1918 _____

d) 1. Januar 2000 _____

2. Schreiben Sie folgende offiziellen Zeitangaben in ganzen Worten. *

a) 3 h 15 _____trois heures quinze_____

b) 15 h 18 _____

c) 20 h 15 _____

d) 0 h 20 _____

e) 8 h 30 _____

f) 12 h 45 _____

g) 16 h 00 _____

h) 2 h 50 _____

3. Wie heißt die Zeit auf Französisch?
Schreiben Sie die umgangssprachlichen Zeitangaben. *

a) 3 h 15 _____trois heures quinze_____

b) 5 h 30 _____

c) 18 h 45 _____

d) 22 h 20 _____

e) 12 h 00 _____

f) 24 h 00 _____

g) 5 h 50 _____

h) 7 h 55 _____

i) 17 h 30 _____

j) 6 h 30 _____

k) 15 h 15 _____

l) 5 h 45 _____

Zahlen und Zeitangaben

m) 2 h 05 _____

n) 8 h 00 _____

o) 3 h 30 _____

4. Ein Lehrer spricht zu seiner Klasse. Übersetzen Sie das Fettmarkierte
ins Französische. Schreiben Sie die Zahlen aus. **

a) Öffnet euer Buch auf **Seite 31**.

   __page trente et un_____

b) Macht nun Aufgabe **21**.

   _____

c) Wie viel ist **1/2 · 1/4** ?

   _____

d) Genau! Es ist **1/8**.

   _____

e) **Ungefähr 15** Aufgaben sind schwierig.

   _____

f) Und bei **jeder fünften Aufgabe** muss man viel überlegen.

   _____

g) Wie viel sind **200** mal **250**?

   _____

h) Genau! Es sind **50 000**.

   _____

i) Multipliziert **80** mit **82**.

   _____

j) Genau! Es macht **8560**.

   _____

Präpositionen

Im Französischen werden die Präpositionen anders verwendet als im Deutschen. Ihre Bedeutung hängt stark von den nachfolgenden Substantiven ab.

Die Präpositionen des Ortes à, dans, en

à

J'habite à Paris.

Ich wohne in Paris.

Die Präposition **à** steht bei Ortsangaben auf die Frage „Wo?" oder „Wohin?". Sie steht außerdem bei den meisten maskulinen Ländernamen und bei Inselnamen, die keinen Artikel bei sich tragen, z. B. le Portugal, le Luxembourg, le Danemark, le Royaume-Uni, les Etats-Unis, les Pays-Bas, le Maroc, le Japon, Malte, Jersey, Chypre, Madagascar, Cuba.

deutsche Entsprechung	Frage	Beispiel
in	wo?	Le groupe de voyage est **à Paris** aujourd'hui.
in	wohin?	Les Dupont vont **au musée**.
nach, in	wohin?	L'été prochain, nous allons **au Portugal** ou **aux Etats-Unis**.

Sie sollten die französischen Präpositionen stets mit Beispielen lernen, weil die Präpositionen im Französischen oft anders verwendet werden als im Deutschen.

Achtung: !
Je vais **à la** banque. – *Ich gehe zur Bank.*
Je vais **dans une** banque. – *Ich gehe in eine Bank.*

Präpositionen des Ortes à, dans, en

dans

> J'habite dans un grand appartement.

Ich wohne in einer großen Wohnung.

Während **à** einen Ort nur allgemein angibt, steht **dans** für konkrete Ortsangaben, die häufig mit dem unbestimmten Artikel **un** oder **une** verbunden sind. Außerdem steht **dans** bei den Namen der meisten französischen Departements.

deutsche Entsprechung	Frage	Beispiel
in	wohin?	Dimanche, on va **dans un musée** d'art moderne.
in	wo?	J'ai passé un an **dans le Nord-Pas-de-Calais.**
nach, in	wo?	L'année prochaine, je vais **dans le Finistère.**
auf	wo?	Les enfants jouent **dans la rue.**

aber: Dimanche, on va **au** musée.

Saint-Denis se trouve **au nord de** Paris. – „nördlich von"; Montmartre se trouve **dans le nord** Paris. – „im Norden von"

Beachten Sie besonders die Konstruktion **« dans la rue »**.

en

> Nous avons passé les vacances en Italie.

Wir waren in den Ferien in Italien.

Die Präposition **en** steht – im Allgemeinen ohne Artikel – bei femininen Ländernamen, bei französischen Provinznamen und in bestimmten Ausdrücken.

deutsche Entsprechung	Frage	Beispiel
in	wohin?	Nous allons souvent **en Allemagne.**
in	wo?	Nous avons des amis **en Provence.**
in	wohin?	Samedi prochain, on va **en ville** .
		En route, nous avons vu beaucoup d'animaux.

en route – *unterwegs*

Weitere Präpositionen des Ortes

à côté de   Le cinéma est **à côté du théâtre**. *(neben)*

au-dessous de   **Au-dessous de chez-moi**, il y a un restaurant
                       chinois. *(unter, unterhalb von)*

au-dessus de   J'habite **au-dessus d'un salon de coiffure**.
                       (über, oberhalb von)

à droite de   **A droite de l'Hôtel de Ville**, il y a
                       une boulangerie. *(rechts von)*

au milieu de   La fontaine se trouve **au milieu de
                       la place**. *(inmitten)*

au nord de   Amiens est **au nord de Paris**. *(nördlich von)*

à travers   Ils marchent **à travers le désert**.
                       ([quer] durch)

autour de   **Autour de la fontaine**, il y a des chaises.
                       (um ... herum)

chez   Lundi prochain, je vais **chez le dentiste**. *(zu)*
                       On va passer nos vacances **chez nos parents**.
                       (bei)

contre   Elle pousse le lit **contre le mur**. *(gegen)*

de   Il vient **de Paris**. *(von, aus)*

derrière   Le livre est tombé **derrière la bibliothèque**.
                       (hinter)

devant   Il a posé le paquet **devant la porte**. *(vor)*

en face de   Notre hôtel est **en face de l'église**.
                       (gegenüber)

entre   La principauté d'Andorre se trouve **entre la
                       France et l'Espagne**. *(zwischen)*

jusque   Il y a un bouchon **jusqu'à l'aéroport**. *(bis)*

Weitere Präpositionen des Ortes

le long de	On va faire une promenade **le long du fleuve** ? *(längs, am … entlang)*
loin de	La gare est **loin du centre-ville**. *(weit von … [entfernt])*
par	Pour aller à Marseille, nous passons **par Lyon**. *(über)*
parmi	**Parmi nos amis**, il y a beaucoup de Français. *(zwischen, unter)*
pour	Les voyageurs **pour Jersey** sont priés de prendre le bateau. *(nach, in Richtung)*
près de	Le théâtre est **près de la mairie**. *(nahe bei)*
sous	Le chien est **sous la table**. *(unter)*
sur	Mettez les verres **sur la table**. *(auf)* Les chambres donnent **sur le jardin**. *(gehen zum … hinaus, haben Blick auf …)* Mannheim est située **sur le Rhin**. *(am)*
vers	Cette année, beaucoup de Français partent **vers la Bretagne**. *(in Richtung)*

Präpositionen der Zeit

....
Je le connais depuis cinq ans.
....

_____

Ich kenne ihn seit fünf Jahren.

A demain ! –
Bis morgen!
A tout à l'heure ! –
Bis gleich!
A la prochaine ! –
Bis zum nächsten Mal!

à	**A trois heures**, je suis à la gare. *(um)* La famille Dupont est partie **à midi**. *(um)* Nous allons faire du ski **au printemps** mais pas en hiver. *(im)*
au mois de	Cette année, nous allons en vacances **au mois d'août**. *(im August; anstelle von en août)*
à partir de	**A partir d'aujourd'hui**, je ne fume plus. *(von … an; Beginn in der Gegenwart oder Zukunft)*

après	Nous avons beaucoup travaillé **après les vacances**. *(nach)*
avant	Nos amis vont venir **avant dix heures**. *(vor)*
dans	**Dans une semaine**, je vais à Paris. *(in, nach Ablauf von …)* *aber:* Je suis allé à Paris en une heure. *(in, innerhalb von)*
de… à	Je travaille de **lundi à samedi**, **du matin au soir**. *(von … bis)*
depuis	On passe nos vacances en France **depuis des années**. *(seit)* **Depuis ce jour-là**, il ne fume plus. *(von … an*; Beginn in der Vergangenheit*)*
dès	Il savait lire **dès l'âge de 5 ans**. *(schon von … an)*
en	On va à la piscine **en été**, **en automne, en hiver** mais pas au printemps. *(im)* Ma fille est née **en 1997**. *(im Jahr …)* J'ai préparé ce repas **en deux heures**. *(innerhalb von)*
entre… et	Nous passerons chez vous **entre huit et neuf heures.** *(zwischen … und)*
il y a	J'ai été à Bruxelles **il y a deux mois**. *(vor)*
jusque	J'ai travaillé **jusqu'à trois heures** du matin. *(bis)*
pendant	**Pendant les vacances**, on ne travaille pas. *(während)*
pour	Elle est partie au Canada **pour six mois**. *(für, für die Dauer von)*
vers	Elle est morte **vers trois heures** de l'après-midi. *(gegen)*

Modale Präpositionen

> 1 Tu es arrivé en voiture ?

> 2 Non, je suis venu à bicyclette.

1. Bist du mit dem Auto gekommen? 2. Nein, ich bin mit dem Fahrrad gefahren.

à

> Findet die Fortbewegung <u>in</u> einem Transportmittel statt, verwendet man immer **en**.

Au supermarché, il achète encore **six tasses à café**.	*Kaffeetassen (Zweck)*
On peut laver ce pull **à la machine** ?	*mit (Art und Weise)*
Il va à Strasbourg **à bicyclette**.	*mit (**auf** einem Transportmittel)*
Le jambon est **à dix euros** le kilo.	*kostet … das Kilo (Preisangaben)*
Metz est **à trois cents kilomètres** de Paris.	*liegt … entfernt (Angaben der Entfernung)*

avec

Coupe la viande **avec ton couteau**.	*mit (Werkzeug oder Mittel)*

de

Tu prends encore une tasse **de thé** ?	*eine Tasse Tee (Inhalt, Mengenangabe)*
Je lui fais signe **de la main**.	*mit (Körperteil)*
Les gens sont morts **de faim**.	*vor (Ursache)*
Elle porte une jupe **de soie**.	*aus (Materialangabe)*

en

Les Dupont arrivent **en avion**.	*mit (in einem Transportmittel)*
J'ai acheté un pull **en laine**.	*aus (Materialangabe)*

par

J'ai envoyé un livre **par la poste**.	*durch* (Mittel)
J'ai appris la nouvelle **par mon père**.	*durch* (Urheber)
Elle est restée chez les voisins **par pitié**.	*aus* (Beweggrund)
Ils vont au restaurant deux fois **par semaine**.	*pro* (Verteilung)
Le buffet coûte 18 euros **par personne**.	

pour

Il a acheté une maison **pour sa femme**.	*für* (Zweck)
Elle est partie **pour une semaine**.	*für* (Dauer)
Il a acheté cette voiture **pour quinze mille euros**.	*für* (Preis)

sur

Un allemand **sur trois** connaît la France.	*von* (Verteilung)
Elle va **sur ses cinquante ans**.	*auf … zu* (Alter)

Präpositionen

1. Ergänzen Sie die Präpositionen **à**, **dans**, **en**, gegebenenfalls mit unbestimmtem oder bestimmtem Artikel. *

_au_	restaurant
_____	Paris
_____	Portugal
_____	sud de la France
_____	Grenoble
_____	Bas-Rhin
_____	Italie
_____	Cuba
_____	Pays-Bas

aller

_____	pied
_____	cinéma
_____	voiture
_____	Suisse
_____	montagne
_____	Japon
_____	Bourgogne
_____	Var
_____	train
_____	moto

2. Setzen Sie die fehlenden Präpositionen des Ortes und, wo notwendig, die fehlenden Artikel ein. *

le, l', les,
à, au,
en, dans,
chez, de

a) La piscine est ___à___ côté _____ gare.

b) Orléans est _____ sud _____ Paris.

c) Pour demain, j'ai pris un rendez-vous _____ médecin.

d) La famille Dupont vient _____ Brest.

e) Dimanche, j'irai _____ campagne.

f) Nous irons _____ Alpes pour faire du ski.

g) Michel est resté _____ Washington _____ Etats-Unis.

3. Zwei Personen (Barbara (B.) und Michel (M.)) sprechen über ihre Reisegewohnheiten. Setzen Sie die richtigen Präpositionen bzw. Artikel ein. ***

B. : L'an dernier, j'ai passé mes vacances _au_ Portugal. Les Portugais

sont des gens très gentils. Mais il y avait un problème :

Je ne parle pas le portugais.

M. : Je connais ça. Il y a deux ans, on a visité Copenhague. Personne

de ma famille ne parle ___ danois. Et ___ Danemark, ce n'est

pas évident qu'on y parle ___ français.

B. : De toute façon, moi je préfère les pays francophones.

M. : En Europe, dans quels états est-ce qu'on parle le français comme

langue officielle ?

B. : C'est ___ France, ___ Belgique, ___ Luxembourg et ___ Suisse.

___ Monaco, il y a deux langues officielles : ___ italien

et ___ français. Et ___ Italie, ___ val d'Aoste, ___

français est officiellement une langue régionale.

M. : En dehors de l'Europe, le français joue un rôle important ?

B. : Oui, ___ Canada, ___ français est la deuxième langue après l'anglais.

Et ___ Québec, __ français est l'unique langue officielle. Dans une

vingtaine de pays d'Afrique, par exemple ___ République

Centrafricaine ou ____ Madagascar, ___ français est langue officielle,

souvent à côté d'autres. ___ Liban, ____ Algérie, ____ Maroc et

____ Tunisie ___ français est langue d'enseignement. ____ ____

départements et territoires d'outre mer, qui font partie de la

République française, ___ Guadeloupe, ____ Martinique où ___

Saint-Pierre-et-Miquelon, le français est bien sûr langue officielle.

le Canada,

le Québec,

la République Centrafricaine,

Madagascar,

l'Algérie,

le Maroc,

la Tunisie,

la Guadeloupe,

la Martinique,

Saint-Pierre-et-Miquelon

Die « départements et territoires d'outre mer » werden auch oft als « les DOM – TOM » bezeichnet.

4. Setzen Sie die fehlenden Präpositionen der Zeit ein. Bei einigen Sätzen gibt es mehrere Möglichkeiten! **

a) Pascal est né ___en___ 1976.

b) _____ juin et juillet, nous serons en vacances.

c) Nous partirons _____ deux heures du matin.

d) Michèle est venue _____ trois heures.

e) Pascal est parti, il va revenir _____ quinze jours.

f) Annick est partie _____ six mois.

g) Il y avait une grande fête à Orléans _____ trois mois.

h) Aujourd'hui, je travaille seulement _____ deux heures.

5. Welche Präposition fehlt in diesen Sätzen? **

a) Cet appartement n'appartient pas _à__ Annick mais _____ Pascal.

b) _____ quinze jours, Pascal va venir _____ avion.

c) Il nous a envoyé une lettre _____ avion.

d) Voilà les tasses _____ café et les tasses _____ thé.

e) Je suis fatiguée. Tu me donnes une tasse _____ café ?

f) Je me suis acheté douze verres _____ cristal _____ 200 euros.

g) _____ midi, j'ai rencontré une vieille amie _____ la rue.

h) Il connaît la grammaire française _____ A _____ Z.

Konjunktionen

Mit Konjunktionen werden Sätze und Satzteile verbunden.
Wichtig ist zu wissen, dass im Französischen nach manchen Konjunktionen
der **Subjonctif** oder das **Conditionnel** stehen muss.

▶ Zum Subjonctif
vgl. ab S. 118

▶ Zum Conditionnel
vgl. ab S. 113

Subjonctif	Conditionnel	Keine besondere Form erforderlich
avant que	au cas où	jusqu'au moment où
jusqu'à ce que	dans le cas où	avant le moment où
en attendant que	pour le cas où	depuis que
pour que	dans l'hypothèse où	quand
afin que		lorsque
de peur que		pendant que
de crainte que		tandis que
de sorte que		en même temps que
de façon que		chaque fois que
de manière que		tant que
sans que		aussi longtemps que
bien que		après que
quoique		dès que
malgré que		aussitôt que
à condition que		une fois que
pourvu que		comme
à supposer que		parce que
à moins que		puisque
		du fait que
		étant donné que
		vu que
		de sorte que
		de façon que
		de manière que

en attendant que –
(so lange) bis
jusqu'à ce que – *bis*
depuis que – *seit*
lorsque (in der Vergan-
genheit) – *als*
lorsque (in der Zukunft)
– *wenn*
tandis que – *während*
dès que – *sobald*
aussitôt que – *sobald*
une fois que –
wenn (erst) einmal

Gebrauch

Der Subjonctif steht <u>immer</u>...

bien que, quoique, malgré que – *obwohl*

Bien qu'il n'ait pas de chance dans la vie, il a gagné le gros lot.
Quoique je sois jeune, j'ai déjà beaucoup travaillé.
Malgré qu'elle soit très occupée, elle va régulièrement au cinéma.

– nach den Ausdrücken der Einschränkung **bien que**, **quoique** und **malgré que**.

Rappelle-moi **avant que** tu partes.
Les gens sont descendus dans la rue **jusqu'à ce que** les responsables politiques démissionnent.

– nach den Konjunktionen **avant que**, **en attendant que** und **jusqu'à ce que, sans que**.

pour que, afin que – *damit*
de peur que – *aus Angst, dass*
de crainte que – *aus Furcht, dass*

Elle a économisé énormément d'argent **pour que** sa famille puisse partir en vacances.
Recule la voiture **afin que** je puisse rentrer au garage.

– den Ausdrücken des Ziels **pour que**, **afin que**, **de peur que** und **de crainte que**.

à condition que – *unter der Bedingung, dass*
pourvu que – *vorausgesetzt, dass*
à supposer que – *angenommen, dass*
à moins que – *es sei denn, dass*

Tu pourras sortir ce soir **à condition que** tu fasses tes devoirs demain.
Nous irons faire un tour **à moins qu'**il fasse mauvais temps.

– nach **à condition que**, **pourvu que**, **à supposer que** und **à moins que**.

<u>Kein Subjonctif</u> steht:

Cet après-midi, nous irons à la plage. Nous resterons **jusqu'au moment où** la nuit tombera.

– nach **avant le moment où** und **jusqu'au moment où**.

Depuis qu'il avait reçu notre lettre, il ne nous parlait plus.

– nach **depuis que** – hier steht das Présent oder eine Zeit der Vergangenheit.

Comme je ne me sens pas bien, je ne travaille pas aujourd'hui.
Il ne travaille pas aujourd'hui **parce qu'**il ne se sent pas bien.
Puisque il va en vacances, il a prêté sa maison à des amis.

– nach den Ausdrücken der Begründung **comme**, **parce que**, **puisque**, **du fait que**, **étant donné que** und **vu que**. Hier steht die passende Zeit.

Au cas où mes parents viendraient, j'ai laissé la clé sous le paillasson.
Dans l'hypothèse où je ne trouverais pas de travail, je me suis inscrit à l'université.

Nach den Ausdrücken der Bedingung **au cas où**, **dans le cas où**, **pour le cas où** und **dans l'hypothèse où** steht kein Subjonctif, sondern das Conditionnel.

comme (am Satzanfang)
– *da*
puisque – *da ja*
du fait que –
dadurch, dass
étant donné que –
in Anbetracht
vu que –
in Anbetracht dessen

au cas où –
im Falle, dass
dans l'hypothèse où –
unter der Annahme, dass

Konjunktionen

1. Setzen Sie bei folgenden Konjunktionen der Zeit die passende Verbform ein. ***

faire une drôle de tête –
das Gesicht verziehen
changer –
hier: *sich verändern*

a) Pendant que tu __choisis__ un jeans, je vais regarder les T-shirts. (choisir)

b) Avant que tu _____ , il faut bien réfléchir. (choisir)

c) Dès que tu _____ ton jeans, on quittera le magasin. (payer)

d) Une fois qu'on _____ le magasin, on ira chez tes parents. (quitter)

e) On y restera jusqu'à ce que ton frère _____ . (venir)

f) Depuis qu'il _____ en Belgique, il a vraiment changé. (habiter)

g) Chaque fois qu'il était chez tes parents, il _____ une drôle de tête. (faire)

h) Et la dernière fois, lorsque j' _____ en parler, il _____ qu'il n'y avait rien. (vouloir / répondre)

2. Entscheiden Sie bei folgenden Konjunktionen der Bedingung, ob der Subjonctif oder das Conditionnel stehen muss. ***

a) Nous irons à la piscine à condition qu'il ne __pleuve__ pas. (pleuvoir)

b) Au cas où la piscine _____ , on ira au restaurant. (être fermé)

c) A moins qu'il y _____ trop de gens. Dans ce cas nous rentrerions dîner à la maison. (avoir)

d) Dans le cas où le réfrigérateur _____ vide, on appellera le pizza-service. (être)

e) En attendant que le pizza-service _____ , nous jouerons aux cartes. (venir)

3. Übersetzen Sie folgende Sätze ins Französische. Benutzen Sie dabei die Konjunktionen in Klammern.***

a) Ruf mich an, bevor ich ins Büro gehe. (avant que)

   Appelle-moi avant que je parte au bureau.

b) Wenn du angekommen bist, werden wir essen gehen. (dès que)

   _____

c) Da du ja Vegetarier bist, werden wir kein Fleisch essen. (puisque)

   _____

d) Während ich dir schreibe, schaue ich mir einen Film an. (pendant que)

   _____

e) Ich habe viel Geld gespart, damit wir in ein schönes Restaurant

   gehen können. (pour que)

   _____

   _____

Aussage- und Fragesatz

Der Aussagesatz

M. Dutour montre sa nouvelle voiture à son collègue.

Herr Dutour zeigt seinem Kollegen sein neues Auto.

Ein Aussagesatz hat folgende Wortstellung:

Subjekt	Verb	direktes Objekt	à-Objekt
M. Dutour	montre	sa nouvelle voiture	à son collègue.

Im Französischen steht erst das direkte, dann das à-Objekt. Im Deutschen ist dagegen meistens die umgekehrte Stellung üblich *(„Herr Dutour zeigt seinem Kollegen sein neues Auto.")*.

Im Französischen wird das Subjekt durch die Wendung **C'est... qui...** hervorgehoben, im Deutschen oftmals nur durch Betonung.

> **C'est M. Dutour qui** a acheté une nouvelle voiture.
> *Herr Dutour hat ein neues Auto gekauft.*

! Eine einfache Umstellung der Satzteile wie im Deutschen genügt hier nicht!

Möchte man das direkte oder das **à**-Objekt hervorheben, so wird das Objekt, das hervorgehoben werden soll, mit **C'est... que** eingeleitet. Dann folgt die normale Satzstellung: Subjekt, Verb, (anderes) Objekt.

> **C'est à son collègue que** M. Dutour montre sa nouvelle voiture.
> *Seinem Kollegen zeigt Herr Dutour sein neues Auto.*

> **C'est sa nouvelle voiture que** M. Dutour montre à son collègue.
> *Sein neues Auto zeigt Herr Dutour seinem Kollegen.*

Orts- oder Zeitangaben können im Allgemeinen zu Beginn oder am Ende des Satzes stehen. Eine Orts- oder Zeitangabe zu Beginn des Satzes wird durch ein Komma abgetrennt. Im Gegensatz zum Deutschen bleibt die normale Satzteilstellung erhalten.

A 6 h 30, je me lève.
Um 6.30 Uhr stehe ich auf.

Je me lève **à 6 h 30**.
Ich stehe um 6.30 Uhr auf.

Sur le parking, M. Dutour montre sa nouvelle voiture à son collègue.
Auf dem Parkplatz zeigt Herr Dutour seinem Kollegen sein neues Auto.

Kommen in einem Satz Orts- und Zeitangabe vor, so steht meistens die Zeitangabe am Satzanfang, die Ortsangabe am Satzende.

Aujourd'hui, elle est allée **à Paris**.
Heute ist sie nach Paris gefahren.

Unbestimmte Angaben des Ortes, der Zeit oder der Art und Weise, die nicht auf **-ment** enden, stehen bei

▶ Zur Stellung der Adverbien auf **-ment** vgl. Seite 176

– einfachen Zeiten (z. B. Présent, Imparfait, Futur simple) nach dem Verb:

Elle part **déjà**.
Il mangeait **beaucoup**.
Elle comprend **bien**.

– zusammengesetzten Zeiten nach **avoir** oder **être** und vor dem Partizip Perfekt:

Elle est **déjà** partie.
Il a **beaucoup** mangé.
Elle a **bien** compris.

– Sätzen mit Infinitiv vor dem Infinitiv :

Elle va **bientôt** partir.
Il veut **toujours** avoir raison.

Der Fragesatz

> Tu vas bien? – Oui.

Geht es dir gut? – Ja.

Entscheidungsfrage (Ja- / Nein-Frage)

Auf Entscheidungsfragen antwortet der Angesprochene mit **oui**, **non** oder **si**.

Tu vas bien ? positive Frage	– **Oui.** – positive Antwort
Tu as faim ? positive Frage	– **Non.** – negative Antwort
Tu ne vas pas à Paris ? negative Frage	– **Si.** – positive Antwort
Tu n'es pas d'accord ? negative Frage	– **Non.** – negative Antwort

Es gibt vier Möglichkeiten, eine Entscheidungsfrage zu bilden.

1. Intonationsfrage

Bei der Intonationsfrage bleibt die Wortstellung des Aussagesatzes erhalten. Sie kommt hauptsächlich in der gesprochenen Sprache vor.

> Ça va **?**
> Michel est déjà parti **?**
> Toi aussi, tu vas à Paris **?**

2. Est-ce que-Frage

Bei der **est-ce que**-Frage wird einfach **est-ce que** vor einen normalen Aussagesatz gestellt. Fragen mit **est-ce que** kommen sowohl in der gesprochenen als auch in der geschriebenen Sprache vor.

> **Est-ce que** tu vas bien ?
> **Est-ce que** Michel est déjà parti ?
> **Est-ce que** tu vas à Paris ?

3. Inversionsfrage

Bei der Inversionsfrage wird das Subjektpronomen mit einem Bindestrich an das Verb angehängt.

> **Partez-vous** souvent en vacances ?
> Et votre femme ? **Ne prend-elle** pas la voiture ?
> Et votre oncle ? **Parle-t-il** bien le français ?

> Endet die 3. Person Singular (bei il, elle, on) auf **-e** oder **-a**, so wird vor das Subjektpronomen ein **-t-** eingeschoben.

Bei einem verneinten Satz steht **ne** vor dem konjugierten Verb, **pas** hinter dem Subjektpronomen. Die Inversionsfrage ist typisch für die geschriebene Sprache.

> **N'a-t-il pas** fait de progrès ?

Substantiv und Verb lassen sich zur Bildung eines Fragesatzes nicht einfach vertauschen wie im Deutschen. Stattdessen wird im Französischen das Subjekt an den Anfang gestellt, und an das Verb wird, wie bei der Inversionsfrage üblich, zusätzlich das entsprechende Subjektpronomen angehängt.

> **Vos enfants partent-ils** en vacances ?
> **Votre femme** ne **prend-elle** pas la voiture ?
> **Votre oncle parle-t-il** bien le français ?

> Eine Frage wie « Partent vos enfants ? » ist nicht möglich!

Ergänzungsfrage (Frage mit Fragewort / W-Frage)

Bei einer Ergänzungsfrage antwortet der Befragte nicht mit ja, nein oder doch, sondern mit einem anderen Wort oder einem ganzen Satz.

> Quand est-ce que tu pars à Paris ?   – **Demain.**
> Qu'est-ce que tu as fait à Paris ?   – **Tous les soirs, je suis allé au cinéma.**

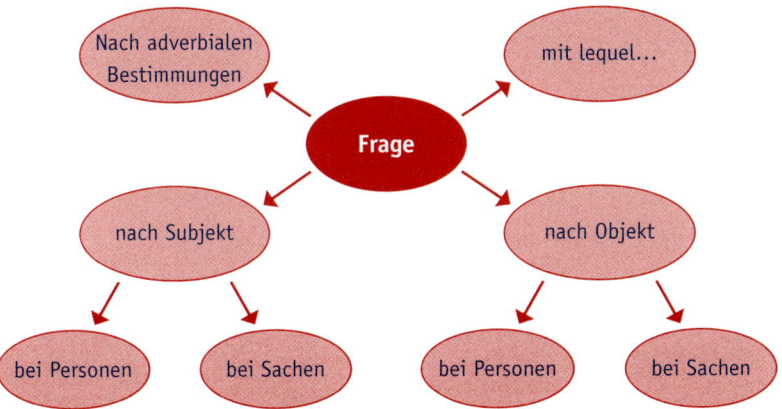

Der Fragesatz

1. Frage nach dem Subjekt

a) bei Personen: … „wer?"

qui est-ce qui… oder **qui**	**Qui est-ce qui** a pris la voiture ? **Qui** a pris la voiture ? Michel a pris la voiture.

– in Verbindung mit **être**:

Schriftsprache	gesprochene Sprache
qui est…/qui sont…	**c'est qui …**
Qui sont ces gens-là ?	**C'est qui**, ces gens-là ? – Ce sont des voisins.

b) bei Sachen: „was?", „welche/r/s?"

▶ Zu quel,
vgl. Seite 38

qu'est-ce qui …	**Qu'est-ce qui** s'est passé ? Une chose terrible s'est passée.
bei **être: quel…**	**Quelle est** votre voiture ? Voilà ma voiture.

2. Frage nach einem Objekt

a) bei Personen: „wen"?, „wem?", „von wem?"

– Frage nach dem direkten Objekt (Wen?):

Schriftsprache	gesprochene Sprache
qui est-ce que, qui + Inversion	nachgestelltes **qui**
Qui est-ce que tu as vu ? **Qui as-tu** vu ?	Tu as vu **qui** ? J'ai vu Michel.

– Frage nach dem **à**-Objekt (Wem? bzw. Mit wem? Zu wem):

Schriftsprache	gesprochene Sprache
à qui est-ce que, à qui + Inversion	nachgestelltes **à qui**
A qui est-ce que tu as parlé ? **A qui as-tu** parlé ?	Tu as parlé **à qui** ? J'ai parlé à Michel.

– Frage nach dem **de**-Objekt (Von wem?):

Schriftsprache	gesprochene Sprache
de qui est-ce que, **de qui** + Inversion	nachgestelltes **de qui**
De qui est-ce que tu as parlé ? **De qui as-tu** parlé ?	Tu as parlé **de qui** ? J'ai parlé de Michel.

b) bei Sachen: *„was?"*, *„an was?"*, *„wovon?"*,…

– Frage nach dem direkten Objekt (Was?):

Schriftsprache	gesprochene Sprache
qu'est-ce que, **que** + Inversion	nachgestelltes **quoi**
Qu'est-ce que tu veux ? **Que veux-tu** ?	Tu veux **quoi** ? Je veux une voiture.

– Frage nach dem à-Objekt (Worüber? Wovon?):

Schriftsprache	gesprochene Sprache
à quoi est-ce que, **à quoi** + Inversion	nachgestelltes **à quoi**
A quoi est-ce que tu penses ? **A quoi penses-tu** ?	Tu penses **à quoi** ? Je pense aux vacances.

– Frage nach dem de-Objekt (Worüber? Womit? Wovon?):

Schriftsprache	gesprochene Sprache
de quoi est-ce que, **de quoi** + Inversion	nachgestelltes **de quoi**
De quoi est-ce que tu parles ? **De** quoi parles-tu ?	Tu parles **de quoi** ? Je parle d'une fête.

Der Fragesatz

Bei den Fragen nach der Art und Weise (z. B. durch **comment**...), dem Grund (z. B. **pourquoi**...), der Anzahl (**combien**...) und nach anderen Adverbien gelten im Prinzip die gleichen Regeln wie bei der Frage nach dem Ort oder dem Zeitpunkt.

3. Fragen nach dem Ort, der Zeit und anderen adverbialen Bestimmungen

– Frage nach dem Ort (Wo?):

Schriftsprache	gesprochene Sprache
où est-ce que, **où** + Inversion	nachgestelltes **où**
Où est-ce qu'il va ? **Où va-t-il ?**	Il va **où** ? Il va à Paris.

– Frage nach dem Zeitpunkt (Wann?):

Schriftsprache	gesproche Sprache
quand est-ce que, **quand** + Inversion	nachgestelltes **quand**
Quand est-ce qu'il part ? **Quand part-il ?**	Il part **quand** ? Il part à midi.

4. Fragen mit lequel... (Welcher, welche, welches?)

Anstelle von **quel**... + Substantiv kann auch der Interrogativbegleiter **lequel**... stehen. Dies ist besonders dann sinnvoll, wenn das Substantiv schon bekannt ist.
Lequel... richtet sich wie **quel**... in Geschlecht und Zahl nach dem dazugehörigen Substantiv.

> Je voudrais dix œufs. – **Lesquels** ? – Ceux-ci.
> Et un kilo de tomates. – **Lesquelles** ? – Celles-ci.
> Et un chou-fleur. – **Lequel** ? – Celui-là.
> Et une noix de coco. – **Laquelle** ? – Celle-là.

Bezieht sich **lequel** auf ein Substantiv mit Präposition, so muss der jeweiligen Form ebenfalls diese Präposition vorangestellt werden.
Dabei verschmelzen **à** bzw. **de** mit den Formen von **lequel** zu **auquel**, **auxquels**, **auxquelles** bzw. **duquel**, **desquels** und **desquelles**.
Andere Präpositionen verschmelzen nicht.

> Ce soir, nous sommes invités **chez** nos voisins. – **Chez lesquels** ?
> On va faire nos courses **au** supermarché. – **Auquel** ?
> Vous me coupez un morceau de fromage ? – **Duquel** ?

1. Setzen Sie die fehlenden Präpositionen ein. *

a) _Où___ est-ce que vous allez ?   – A Lille.

b) _____ est-ce que vous venez ?   – De Bruxelles.

c) _____ est-ce que vous partez ? – A dix heures du soir.

d) _____ parlez-vous ?   – De Monsieur Dutour.

e) _____ penses-tu ?   – Aux prochaines vacances.

f) _____ écrivez-vous ?   – Au président de la République.

2. Setzen Sie **qui est-ce qui**, **qui est-ce que**, **qu'est-ce qui** oder **qu'est-ce que** ein. **

a) _Qu'est-ce que_____ c'est comme voiture ?

C'est une BMW.

b) _____ écoute de la musique si fort ?

Ce sont nos voisins.

c) _____ on mange ce soir ?

On mange des légumes et des fruits.

d) _____ il cherche ?

Il cherche sa fille.

e) _____ s'est passé ?

Sa fille est partie depuis hier soir.

f) _____ Michel fait toute la journée ?

Il écrit des poèmes.

g) _____ va aider la pauvre voisine ?

Michel va aider la pauvre voisine.

h) _____ se trouve dans le grenier ?

Des tableaux et des meubles se trouvent dans le grenier.   le grenier – *Dachboden*

Der Fragesatz

3. Formen Sie die Fragen mit **est-ce que** zu Fragen mit Inversion um. **

a) Est-ce que vous êtes Française ?

   Etes-vous Française _____ ?

b). Est-ce qu'il va en France pour faire des études ?

   _____ ?

c) Est-ce que vous avez voyagé beaucoup ?

   _____ ?

d) Est-ce que vous prenez souvent l'avion ?

   _____ ?

e) Est-ce qu'elle n'a pas pris la voiture ?

   _____ ?

f) Est-ce que votre femme connaît déjà la nouvelle collection ?

   _____ ?

g) Est-ce que votre mari va en ville demain ?

   _____ ?

h) Est-ce que le président n'a pas donné une interview ?

   _____ ?

4. Stellen Sie Fragen mit **lequel**. **

a) Mes voisins m'énervent. – _Lesquels_____ ?

b) En Bourgogne, il y a des villes très agréables. – _____ ?

c) Il parle d'un centre touristique pittoresque. – _____ ?

d) Ma mère est allée chez le médecin. – _____ ?

e) Vous nous mettez trois bières ? – _____ ?

f) On a parlé des poètes français en classe. – _____ ?

g) Tu sais à quel livre je pense souvent ? – _____ ?

h) Tu as déjà répondu à ton amie ? – _____ ?

i) Tu te souviens de ta vieille tante ? – _____ ?

Lösungen

Substantive (S. 19 – 20)

1. b) une nièce; c) un roi;
d) une institutrice;
e) un camarade; f) un criminel;
g) une peintre; h) un duc;
i) une invitée; j) une victime

2. b) der Kritiker, die Kritik;
c) die Partei, der Teil;
d) der Ofen, die Pfanne;
e) die Rundfahrt, der Turm;
f) die Stimmung, die Moral

3. b) les détails; c) les maux;
d) les bijoux; e) les cours;
f) les yeux; g) les cous;
h) les canaux; i) les bateaux;
j) les gaz; k) les os

4.

maskuline Substantive		feminine Substantive	
Singular	Plural	Singular	Plural
le monsieur	les messieurs	l'Espagnole	les Espagnoles
l'ouvrier	les ouvriers	la chienne	les chiennes
le Belge	les Belges	l'adolescente	les adolescentes
le secrétaire	les secrétaires	l'actrice	les actrices
le médecin	les médecins	la Belge	les Belges
le romantisme	---	la secrétaire	les secrétaires
le mouchoir	les mouchoirs	la fusée	les fusées
l'ordinateur	les ordinateurs	la baguette	les baguettes
le détail	les détails	la maladie	les maladies
le cheval	les chevaux	la décision	les décisions
le prix	les prix	la perceuse	les perceuses
le nez	les nez	la révision	les révisions
l'œil	les yeux	la différence	les différences
le bal	les bals	la crise	les crises
le soleil	les soleils	la faiblesse	les faiblesses
le bois	les bois	l'image	les images
l'hôtel	les hôtels	la dent	les dents

Lösungen

Artikel (S. 26 – 27)

1. b) une; c) un; d) des; e) un;
f) des; g) des; h) un; i) une;
j) un; k) des; l) un

2. b) sont – les;
c) est – la – la;
d) sont – les – la;
e) sont – les – la;
f) est – l' – la;
g) sont – les – (kein Artikel);
   auch: est – le (kein Artikel)

3. b) un – (kein Artikel);
c) de – de;
d) un – de – un – de;
e) la;
f) de;
g) (kein Artikel)
h) du – la;
i) une – de – une;
j) la;
k) la – du – du – un – des;
l) les – une – de;
m) un

4. a) du lait – de lait – de lait
b) du fromage – de gruyère –
   un peu de fromage – pas de
   fromage – du / un camembert
c) comme fruits – des pommes –
   des oranges – des kiwis – des
   ananas – les kiwis – pas les
   ananas – combien les oranges
   – un kilo de pommes –
   six kiwis
d) des fraises – pas de fraises –
   la plupart des gens –
   le supermarché – la plus
   grande partie des fruits
e) l'addition – un billet de
   20 euros – la monnaie –
   à la prochaine

Demonstrativbegleiter (S. 30)

1. b) ce; c) cette; d) ce; e) ces;
f) ce; g) ce; h) cette; i) cette;
j) cette; k) ces; l) ce

Possessivbegleiter (S. 34)

1. b) son frère; c) sa mère;
d) son père e) ses enfants;
f) leur fils; g) leur fille;
h) leurs enfants

Indefinite Begleiter (S. 37)

1. b) tous les kiwis;
c) elles ont mangé tout
   l'ananas;
d) elles ont mangé tous les
   spaghetti;
e) elles ont bu toute la
   limonade;
f) elles ont mangé toutes les
   bananes

2. b) Un certain Monsieur Gilles
   dit que la musique est très
   importante.
c) Certains enfants ne disent
   pas la vérité.
d) Un certain nombre de
   personnes ont disparu.
e) Il restera un certain temps.
f) Dans certains pays, les gens
   n'ont pas assez à manger.

Interrogativbegleiter (S. 40)

1. b) Quelle; c) Quelles;
d) Quel / Quels; e) Quelle;
f) quel; g) quels; h) Quels

Pronomen (S. 45 – 46)

1. b) Non, je ne l'ai pas vu.
c) je ne les ai pas
d) ne les ai pas vues.
e) je ne l'ai pas vu.
f) ne l'ai pas vu.
g) ne l'ai pas vue.

2. b) Je ne l'aime plus.
c) Il l'admire trop.
d) Il la trouve sympa.
e) Il lui téléphone tous les jours.
f) Elle les lui a demandées.
g) Il l'attend à la maison.
h) Elle nous appartient.
i) Nous l'avons achetée.
j) Je ne l'accepte plus.
k) Je vais le quitter.
l) Je vais les jeter dehors.
m) Je vais la lui raconter.
n) Il ne l'a jamais comprise.

Stellung der Objekt- und Adverbialpronomen (S. 51 – 52)

1. b) Nous y arriverons à 14 heures 25.
c) J'en ai déjà parlé la semaine dernière.
d) J'y pense déjà.
e) Nous allons y monter.
f) Je peux en acheter deux.

2. b) en; c) en; d) y;
e) en; f) y

3. b) Si, je l'ai vu.
c) Oui, on y va.
d) Oui, je lui dirai bonjour.
e) Oui, je vais lui téléphoner prochainement.
f) Non, je ne pense pas souvent à elle.
g) Non, elle n'y travaille plus.
h) Non, il ne s'y intéresse plus.
i) Non, il n'y travaille plus.
j) Oui, elle leur appartient toujours.
k) Non, ils n'en ont pas changé.
l) Non, ils n'ont pas besoin d'elle.
m) Si, elle l'a aidée.

Unverbundene Personalpronomen (S. 54)

1. b) avec lui; c) avec vous;
d) avec elle; e) avec elles;
f) avec eux

2. b) Il ne veut pas aller avec lui non plus.
c) Et Florence ne va pas avec eux non plus.
d) Et lui, il est d'accord avec elle.
e) Et elle ne voudrait pas se disputer avec lui.
f) Tous ne veulent pas aller chez eux.

Demonstrativpronomen (S. 57)

1. b) celui c) celle-là; d) Celle;
e) Celles-ci ou celles-là;
f) celles; g) celle;
h) Celui-ci – celui-là;
i) celui; j) celui-ci, celui-là;
k) Celui-ci

Lösungen

Possessivpronomen (S. 59)

1. b) le mien;
c) les miens;
d) Ce sont les miennes;
e) ce sont les siens;
f) Oui, ce sont les siens;
g) Oui, c'est la nôtre;
h) Ce sont les nôtres;
i) ce sont les leurs;
j) Ce sont les leurs;
k) c'est la sienne;
l) c'est la sienne.

Indefinite Pronomen (S. 62)

1. b) toutes; c) Toutes; d) tout;
e) Tout; f) tous

2. a) Toutes ces cassettes sont à toi ? – Non, elles appartiennent toutes à ma sœur.
b) Tu as lavé les pantalons ? – Oui, je les ai lavés tous. Chaque pantalon doit être lavé séparément.
c) Pour la fête, je dois laver chaque assiette. Il faut qu'elles brillent toutes. Et chacune doit être rangée à sa place (bien) précise.
d) Tous les enfants sont rentrés ? – Non, pas tous. Mais chaque enfant doit être à la maison à huit heures.
e) Tu as tout mangé ? – Non, pas tout. Mais nous allons manger tous les restes demain.
f) Il a dormi toute la journée. Il fait ça tous les jours.

Relativpronomen (S. 66 – 67)

1. b) que; c) qui, qui, qui; d) que;
e) qui; f) que

2. b) La fille dont Jean a parlé est suisse.
c) La ville dont nous avons vu un film s'appelle Marseille.
d) Voilà Emma et Fanny dont la passion est la nourriture.
e) J'ai vu une fille dont les parents habitent au Portugal.

3. b) dont / de qui; c) qui;
d) auquel; e) dont; f) dont;
g) à qui; h) que; i) que;
j) où; k) laquelle; l) lesquelles;
m) auxquels

4. b) Est-ce qu'il y a une ville que tu aimes mieux ?
c) Non, Metz est la ville que j'aime le plus.
d) Ma femme qui a 38 ans vient de Nancy.
e) Nancy qui est plus célèbre que Metz est la ville qui plaît le plus à ma femme.
f) Le fils de ma femme que tout le monde appelle Dodo est né à Forbach.
g) La fille de mon amie qui a 25 ans fait ses études à Strasbourg.

Présent (S. 80 – 82)

1. b) épeler – tu épelles – nous épelons – elles épellent
c) geler– je gèle – vous gelez – ils gèlent
d) mener – elle mène – nous menons – ils mènent
e) préférer – je préfère – vous préférez – elles préfèrent
f) placer – je place – tu places – nous plaçons

g) nager – on nage – nous nageons – ils nagent

h) envoyer – j'envoie – nous envoyons – ils envoient

i) réussir – je réussis – vous réussissez – elles réussissent

j) vendre – tu vends – nous vendons – ils vendent

k) croire – tu crois – nous croyons – ils croient

l) être – tu es – nous sommes – ils sont

m) avoir – tu as – nous avons – ils ont

2. b) sommes-nous, on est;

c) ils vont, ils traversent;

d) Asseyez-vous;

e) Bats-moi / Battez-moi;

f) est, boit; g) vous cuisez;

h) disparaît; i) il parcourt;

j) nous éteignons;

k) ils ne croient pas;

l) vous devez; m) nous dormons

n) s'écrit; o) il satisfait, ils veu-lent; p) élit; q) elle ne sent plus; r) je ne permets pas;

s) elle souffre; t) se tait

3. b) Tous les jours, je reçois une lettre de mon oncle.

c) Le magasin vend tous les vêtements en solde.

d) Je me souviens de madame Dutour.

e) Nous vivons une époque difficile.

4. me traduis – ne veux pas – ne me plaît pas – lis – vous interdis – rejoint – n'ai pas soif – meurs – veulent – ne crois pas – pleut – ne veulent pas – fait – descendons – allons – mangeons – as – accepte – ne résous pas

5. b) Il a 25 ans.

c) Il fait ses études à Paris.

d) Il boit souvent du vin rouge.

e) Il habite seul. *oder:*
   Il vit seul.

Passé composé (S. 88–91)

1.

Infinitiv mit **avoir**	Passé composé	Infinitiv mit **être**	Passe composé
vendre	j'ai vendu	aller	je suis allé(e)
offrir	j'ai offert	venir	je suis venu(e)
être	j'ai été	se taire	je me suis tu(e)
courir	j'ai couru	tomber	je suis tombé(e)
pouvoir	j'ai pu	arriver	je suis arrivé(e)
pleuvoir	il a plu	se rendre	je me suis rendu(e)
rire	j'ai ri	s'offrir	je me suis offert
devoir	j'ai dû	rentrer	je suis rentré(e)
voyager	j'ai voyagé	se dire	je me suis dit

2. b) Il s'est assis.

c) Il a pris le journal et il l'a lu.

d) Il a commencé à faire son ménage.

e) il est tombé par terre – il s'est mis debout.

f) Il a marché un peu – il a descendu sa valise.

g) Il a appelé un taxi – il est venu.

h) Le monsieur est monté dans le taxi – la voiture a roulé.

i) il a ouvert la porte.

j) Puis le monsieur est descendu du taxi et est allé à l'hôpital.

k) Un médecin est arrivé. Il a dit bonjour.

l) Il l'a examiné.

m) Puis le monsieur est parti. Mais devant l'hôpital, il est retombé.

3. b) il s'est acheté – il les a mangés

c) il est allé – il a pris

d) se sont promenés

e) ils ont continué – il a conduit

f) il a eu faim – il a lu

g) ils sont entrés

h) elle est venue – elle leur a montré

i) ils ont pris

j) elle est arrivée – elle la leur a donnée

k) il a ouvert – rien ne lui a plu

l) il a jeté

n) ils ont descendu – ils ont quitté

o) elle s'est tue – elle a ri

p) ils sont montés – sont partis

Imparfait (S. 95 – 96)

1. a) chantaient;

b) luisait;

c) pleuvait / avaient / recroquevillaient

d) desséchait / était;

e) tiraient

f) se posait / revenait;

g) pouvaient / faisait;

h) entendait / jouaient;

i) aimais / me plaignais;

j) profitions / nous installions / se reposait

2. a) elle s'est levée;

b) il faisait, on est allé;

c) a bu, a commandé, a mangé, a payé;

d) faisait des achats, il a vu;

e) s'est promenée, elle a vu;

f) avait, ils ont attendu;

g) il préparait, a frappé;

h) sont allés, ils ont pris;

i) j'étais, je faisais, sont venus;

j) elle se brossait, elle a oublié

Plus-que-parfait (S. 98 – 99)

1. b) il avait vécu;

c) nous avions ri;

d) elles avaient vu;

e) tu avais mis; f) j'avais voulu;

g) elle était allée;

h) ils avaient pris;

i) elles étaient venues;

j) vous aviez su; k) j'avais fait;

l) vous aviez dit;

m) tu étais tombé(e);

n) j'avais vaincu;

o) ils avaient dormi;

p) elle avait vécu; q) il était né;

r) j'avais reçu; s) tu avais pu;

t) ils étaient tombés;

u) elle était arrivée;

v) elles avaient été;

w) j'avais eu; x) elle était restée

2. b) avait pris; c) avait reçu;
   d) avait jeté
3. b) avons fait;
   c) étions, ont raconté;
   d) avaient passé;
   e) avaient visité;
   f) avaient impressionnés;
   g) étaient allés;
   h) avaient fait;
   i) tournait, avaient peur;
   j) étaient partis;
   k) avaient assisté;
   l) n'ont pas arrêté;
   m) avons dit, sommes installés;
   n) avons trouvé;
   o) ont retrouvés, ont continué

Passé simple (S. 102)

1. b) a bu;
   c) s'est mis, a fait;
   d) a dit, ne lui a pas répondu;
   e) s'est fâché, a eu;
   f) ont lu;
   g) se sont regardés, ont ri;
   h) ont su; i) s'en sont allés,
      se sont installés;
   j) est venu, a vu;
   k) a voulu

Futur (S. 108 – 110)

1. b) deviendrai; c) aurai;
   d) aurons; e) travaillerai;
   f) nous occuperons;
   g) ferons construire;
   h) joueront; i) verrai;
   j) posséderai; k) irons;
   l) pratiquerai, apprendrai;
   m) pleuvra, lira; n) prendra;
   o) enverrons

2. b) Tu vas dire bonjour à ta
      mère.
   c) A partir de demain, tu ne vas
      plus boire.
   d) A la montage, nous allons
      bien dormir.
   e) Vous allez revenir l'année
      prochaine ?
   f) Demain soir, on va parler du
      nouveau film.
   g) Est-ce que nous allons faire
      du ski pendant les vacances ?
   h) J'espère qu'il ne va pas
      pleuvoir demain.
   i) Ma fille va être une grande
      actrice.
   j) Vous allez regarder un film
      samedi prochain ?
3. b) Mais on n'ira plus à
      Chamonix.
   c) Mais on ne prendra plus de
      chambre à l'hôtel.
   d) Mais nous ne dormirons plus
      dans une petite chambre.
   e) Mais je ne m'ennuierai plus
      sur la piste.
   f) Mais je n'enverrai plus de
      cartes postales à nos amis.
      Je ne les tiendrai plus au
      courant.
   g) Mais il ne boira plus au bar.
      Il ne s'installera plus au
      comptoir.
   h) Mais je ne serai plus fatiguée.
      Je n'aurai plus sommeil.
   i) Mais je ne verrai plus de
      photo de mon maridans un
      journal.
   j) Mais je ne ferai plus semblant
      de ne rien voir.
   k) Mais il ne me trompera plus.
   l) Mais on ne verra plus mon
      mari avec une autre femme.

Futur antérieur (S. 112)

1. c) aura mis; d) aura passé;
e) aura repassé; f) aura nettoyé;
g) aura fait; h) sera allé;
i) aura sorti; j) sera parti;
k) se sera promené;
l) sera rentré; m) se sera mis;
n) serai revenue;
o) sera préparés;
p) sera allés; q) aura dansé;
r) aura pris; s) sera rentrés;
t) se sera couchés

> **Lerntipp zu
> S. 112, 1. i):**
>
> **Sortir** hat hier ein
> direktes Objekt und
> muss deshalb mit
> „avoir" verbunden
> werden.

Conditionnel (S. 116 / 117)

1. b) elles mettraient; c) on ferait;
d) ils voudraient; e) tu devrais;
f) il verrait; g) nous voudrions;
h) elle dirait; i) j'irais;
j) vous seriez; k) tu mangerais;
l) ils suivraient; m) on vivrait;
o) je tiendrais

2. b) Le président aurait menti.
c) Le premier ministre aurait
démissionné.
d) Des rebelles auraient pris le
pouvoir.
e) Le parlement aurait été en
flammes.

3. b) voudrais, aimerais;
c) Auriez-vous;
d) pourrais, raterais

4. b) Je voudrais / voulais vous
demander si vous pourriez me
prêter de l'argent.
c) Nous pourrions aller au
cinéma ce soir.
d) Demande-lui s'il serait
d'accord.
e) Il m'a demandé si quelqu'un
viendrait.
f) Des troupes étrangères
auraient assassiné le
président.

g) Au cas où / Dans le cas où /
Pour le cas où ils viendraient,
tu prépares un petit déjeuner.
h) J'aurais dû apprendre un
autre métier.
i) L'ambassadeur allemand
serait mort.
j) Je pourrais manger une
énorme glace maintenant.

Subjonctif (S. 125 – 127)

1. b) qu'il dorme; c) qu'elle puisse;
d) qu'il pleuve; e) que j'aille;
f) que nous soyons;
g) que vous finissiez;
h) que tu prennes;
i) qu'ils sachent; j) que j'écrive;
k) qu'elles veuillent; l) que j'aie;
m) que nous buvions;
n) que vous preniez

2. b) Je souhaite qu'elle ne soit
pas partie.
c) J'exige qu'il travaille.
d) J'aimerais qu'il soit sage.
e) Je n'aime pas qu'elle lise
au lit.
f) Je demande que la phrase
soit correcte.
g) C'est surprenant qu'il ne
pleure plus.
h) Il est indispensable qu'elle
sache compter.
i) Il est normal qu'il veuille un
téléviseur.
j) Il est nécessaire qu'elle aille
en vacances.
k) Je trouve bien que tu
n'achètes plus de viande.
l) Je suis fâché qu'elle ne me
tienne plus au courant.
m) Je suis surprise qu'il ne boive
plus.
n) Je ne crois pas que tu sois
contente.

3. a) allez; Verb der Wahrschein-
   lichkeit: Présent oder Futur

   b) avez fait; in der indirekten
   Rede steht kein Subjonctif

   c) apprennes; unpersönlicher
   Ausdruck

   d) ait; unpersönlicher Ausdruck

   e) est parti; nach bejahten
   Ausdrücken des Denkens und
   Meinens steht kein Subjonctif

   f) passiez; Ausdruck der Gefühlsäußerung

   g) fait; Tatsache

   h) ayons passées; Superlativ
   durch eigene Einschätzung

   i) aille; unpersönlicher
   Ausdruck

   j) réussisses; Verb der Willensäußerung

4. 1d, 2e, 3i, 4a, 5g, 6h, 7f, 8b, 9c

Imperativ (S. 130)

1. b) Donne-moi encore une
   réponse.

   c) Passe-moi l'éponge.

   d) Ferme-la fenêtre.

   e) Lisez un texte.

   f) Répondez-moi.

   g) Sortez vos livres.

   h) Sors ton livre.

   i) Commence à lire.

   j) Donnez-moi la réponse tout
   de suite.

   k) Soyez de bons élèves.

2. b) Ne vous asseyez pas.

   c) Ne te lève pas.

   d) Ne commence pas à le lire.

   e) Ne le nettoie pas.

   f) N'y va pas.

   g) Ne la complète pas.

   h) Ne me la dis pas.

   i) Ne me les donnez pas.

   j) N'y pensons pas.

Si-Satz (S. 133 – 134)

1. b) Si seulement l'appartement
   était plus grand.

   c) Si seulement je gagnais
   au loto.

   d) Si seulement j'avais un ami.

   e) Si seulement je travaillais
   moins.

   f) Si seulement j'allais en vacances cette année.

   g) Si seulement quelqu'un me
   rendait visite.

   h) Si seulement je vivais à Paris.

2. b) avait passé; c) venait;
   d) aimes; e) fait; f) ferais;
   g) aurais acheté; h) avais su

3. b) Si je gagne au loto, je
   m'achèterai une maison.

   c) Si je gagnais au loto, je
   m'achèterais une maison.

   d) Si mon ami était plus jeune,
   je me marierais avec lui.

   e) Si j'avais été riche, j'aurais
   acheté une maison.

Passiv (S. 143)

1. b) Le pays a été occupé par la
   France au 17e siècle.

   c) Au 18e siècle, des forteresses
   ont été construites par Vauban.

   d) En 1871, la province d'Alsace
   a été annexée par l'Empire
   d'Allemagne.

   e) En 1945, l'Alsace a été
   libérée des Allemands par les
   alliés.

   f) Et prochainement, une nouvelle ligne de TGV sera ou-
   verte par la SNCF.

Lösungen

Verneinung (S. 148 – 150)

1. b) je ne veux pas de pomme.
  c) je ne veux pas de glace.
  d) je ne veux pas de nouveau T-shirt.
  e) Non, je ne veux pas faire de voyage en Espagne.
  f) Non, je ne veux pas de nouvelle amie.

2. b) Non, je n'ai pas mangé de sandwich.
  c) Non, je ne veux rien boire.
  d) Non, je n'ai pas encore parlé à mon professeur.
  e) Non, je ne vais inviter personne.
  f) Non, je n'ai rien vu.
  g) Non, je ne mange pas de viande (du tout).
  h) Non, ce n'est pas mon ami.
  i) Non, je n'adore pas la musique.
  j) Non, rien ne me manque.
  k) Non, je ne ferai plus de voyage.
  l) Non, je n'ai vu ni Barbara ni Michel.
  m) Non, ce n'est pas du fromage.
  n) Non, il n'a plus rien dit.
  o) Non, il n'a toujours pas trouvé de femme. / Non, il n'a pas encore trouvé de femme.
  p) Non, elle n'a toujours pas parlé à ses parents.
  q) Non, elle n'a plus parlé à personne.
  r) Non, nous ne regardons pas toujours la télé.
  s) Non, je n'ai pas encore passé mon permis de conduire.
  t) Non, je ne viendrai pas non plus.

3. a) Non, je ne lui ai pas encore écrit.
  b) Non, je n'y vais pas.
  c) Non, je n'ai rien acheté.
  d) Non, pas celui-ci.
  e) Non, je n'ai vu personne.
  f) Non, elle n'a plus rien dit.
  g) Non, je n'en mange plus.
  h) Non, elle n'a pas du tout changé.

Indirekte Rede (S. 154 – 156)

1. b) qu' … aimera;
  c) si … n'en ai pas;
  d) que … n'en ai pas vu;
  e) s' … a fait;
  f) qu' … ne me quittera jamais

2. b) Elle dit qu'elle veut que je fasse mes devoirs.
  c) Elle dit que je ne sortirai pas demain.
  d) Elle dit qu'elle se sent mieux si je reste à la maison.
  e) Elle demande si j'ai déjà rendu visite à mes grands-parents.
  f) Elle demande ce que je vais offrir à mon père pour son anniversaire.
  g) Elle demande si je pourrais l'aider à faire la vaisselle.

3. b) avais; c) était mariée;
  d) avait fait; e) quitterait;
  f) aimerait; g) pensais

4. b) Il veut savoir si elle l'appellera de Paris.

c) Il veut savoir s'il peut lui téléphoner de temps en temps.

d) Il veut savoir si elle lui apportera un petit cadeau.

e) Il veut savoir si sa sœur va l'accompagner.

f) Il veut savoir si elle ne va pas s'ennuyer sans lui.

g) Il veut savoir ce qu'il va faire sans elle.

5. b) Il m'a demandé quand je les avais faits.

c) Il voulait savoir si quelqu'un m'avait aidé à les faire.

d) Il m'a demandé si je pouvais lui répondre correctement.

e) Il a dit qu'il ne croyait pas que je puisse lui donner une traduction correcte.

f) Il a ajouté que pour cette traduction j'allais avoir une mauvaise note.

g) Il a dit qu'il appellerait mes parents le jour même.

h) Il a ajouté que je devrais lui rendre cette lettre le lendemain.

i) Il a précisé que la prochaine fois, j'irais voir le directeur.

j) Il m'a demandé ce que je faisais pendant tout l'après-midi.

k) Il voulait savoir si j'avais déjà pensé à mon avenir.

l) Il a dit qu'il y avait trente ans, un élève comme moi n'aurait pas travaillé comme ça.

Adjektive (S. 170 – 173)

1. b) rare; **c)** secret; **d)** européenne; **e)** fausse; **f)** aiguë; **g)** publique; **h)** facile; **i)** réel; **j)** frais; **k)** turque; **l)** grecque; **m)** vif; **n)** amère; **o)** nette; **p)** grosse; **q)** blanche; **r)** jaloux; **s)** suisse; **t)** russe; **u)** bon marché; **v)** citron; **w)** complète; **x)** grasse

2. a) mauvais – mauvais – mauvaise – mauvaises

b) fatal – fatals – fatale – fatales

c) gris – gris – grise – grises

d) long – longs – longue – longues

e) amical – amicaux – amicale – amicales

f) beau / bel – beaux – belle – belles

g) vieux / vieil – vieux – vieille – vieilles

h) dur – durs – dure – dures

i) gentil – gentils – gentille – gentilles

j) frais – frais – fraîche – fraîches

k) européen – européens – européenne – européennes

l) sec – secs – sèche – sèches

3. a) une nouvelle maison

b) une grande salle de séjour – une salle de bains minuscule – quatre petites chambres

c) un travail fatigant – cette vieille maison

d) ma pauvre mère

e) ce sale travail – dernier moment

f) de longs travaux – une maison propre

g) le seul défaut – sa mauvaise isolation

Lösungen

4. b) Il a des cheveux bruns.
c) Elle fait une sauce légère.
d) Ils font partie de l'église catholique.
e) Tu écris avec la main gauche.
f) Je lis un gros livre.
g) Vous racontez une brève histoire.
h) Elle arrive avec une jambe cassée.
i) Ils préfèrent la nourriture turque.
j) Je vois une pièce franco-allemande.
k) Elle contacte un certain Yves.
l) Elles portent des robes longues.
m) Il s'achète une voiture nouvelle.
n) Elle mène une vie simple.
o) Ils ont passé l'examen la semaine dernière.
p) Il est mon seul ami.
q) Mes parents ont un grand appartement.

5. b) Monique est plus grande que Florence.
c) La voiture de M. Dutour est plus neuve que celle / la voiture de M. Floret.
d) Une chambre à l'Hôtel de Provence est plus chère qu'à l'Hôtel de Normandie.
e) Olivier est meilleur que Marc.
f) Michel est pire que Barbara.

Adverbien (S. 181 – 182)

1. b) absolument – gentiment – généreusement – extrêmement
c) bien – vite / conduire / rouler vite
d) franchement – lentement
e) dur – français – terriblement – mal – profondément – précisément – mieux

2. b) énormément;
c) profondément;
d) suffisamment; e) bien;
f) gentiment; g) vraiment;
h) poliment; i) complètement;
j) rarement; k) brièvement;
l) lentement; m) absolument;
n) extrêmement;
o) courageusement;
p) conformément;
q) précisément

3. a) heureusement;
b) récemment, récente;
c) énorme, énormément;
d) complète, complètement;
e) mieux, meilleure;
f) mal, mauvaise; g) bien, bien;
h) bon, bien

Zahlen und Zeitangaben (S. 189 – 190)

1. b) 1er septembre 1939;
c) 11 novembre 1918;
d) 1er janvier 2000

2. b) quinze heures dix-huit
c) vingt heures quinze
d) zéro heure vingt
e) huit heures trente
f) douze heures quarante-cinq
g) seize heures
h) deux heures cinquante

3. b) cinq heures et demie
 c) sept heures moins le quart
 d) dix heures vingt
 e) midi
 f) minuit
 g) six heures moins dix
 h) huit heures moins cinq
 i) cinq heures et demie
 j) six heures et demie
 k) trois heures et quart
 l) six heures moins le quart
 m) deux heures cinq
 n) huit heures (pile)
 o) trois heures et demie

4. b) vingt et un;
 c) un demi, un quart;
 d) un huitième;
 e) une quinzaine;
 f) un exercice sur cinq;
 g) deux cents, deux cent cinquante;
 h) cinquante mille;
 i) quatre-vingts, quatre-vingt-deux;
 j) huit mille cinq cent soixante

Präpositionen (S. 198 – 200)

1. à Paris – au Portugal – au / dans le sud de la France – à Grenoble – dans le Bas-Rhin – en Italie – à Cuba – aux Pays-Bas – à pied – au cinéma – en voiture – en Suisse – à la montagne – au Japon – en Bourgogne – dans le Var – en train – à moto

2. a) de la gare; b) au sud de Paris; c) chez le médecin; d) de Brest; e) à la campagne; f) dans les Alpes; g) à Washington aux Etats-Unis

3. B. : au
 M. : le – au – le
 B. : en – en – au – en – A – l' – le – en – au – le
 B. : au – le – au – le – en – à – le – Au – en – au – en – le – Dans les – en – en – à

4. b) En juin et juillet / Aux mois de juin et juillet
 c) à deux heures du matin
 d) à trois heures / pour trois heures / en trois heures / vers trois heures
 e) dans quinze jours
 f) pour six mois / il y a six mois / depuis six mois
 g) il y a trois mois
 h) jusqu'à deux heures / pendant deux heures / à partir de deux heures

5. a) à Annick mais à Pascal;
 b) Dans quinze jours, en avion;
 c) par avion; d) à café, à thé;
 e) de café; f) en cristal / de cristal, pour 200 euros
 g) A midi, dans la rue;
 h) de A à Z

Konjunktionen (S. 204 – 205)

1. b) choisisses; c) aura payé;
 d) aura quitté; e) vienne;
 f) habite; g) faisait;
 h) ai voulu – a répondu

2. b) serait fermée; c) ait;
 d) serait; e) vienne

3. b) Dès que tu seras arrivé, nous irons manger.

c) Puisque tu es végétarien, nous ne mangerons pas de viande.

d) Pendant que je t'écris, je regarde un film.

e) J'ai économisé beaucoup d'argent pour que nous puissions aller dans un bon restaurant.

Der Fragesatz (S. 213 – 214)

1. b) D'où; c) Quand; d) De qui; e) A quoi; f) A qui

2. b) Qui est-ce qui;

c) Qu'est-ce qu';

d) Qui est-ce qu';

e) Qu'est-ce qui;

f) Qu'est-ce que;

g) Qui est-ce qui;

h) Qu'est-ce qui

3. b) Va-t-il en France pour faire des études ?

c) Avez-vous voyagé beaucoup ?

d) Prenez-vous souvent l'avion ?

e) N'a-t-elle pas pris la voiture ?

f) Votre femme connaît-elle déjà la nouvelle collection ?

g) Votre mari va-t-il en ville demain ?

h) Le président n'a-t-il pas donné une interview ?

4. b) Lesquelles ?; c) Duquel ?; d) Chez lequel ?; e) Lesquelles ?; f) Desquels ?; g) Auquel ?; h) A laquelle ?; i) De laquelle ?

Grammatikbegriffe in der Übersicht

Die in diesem Buch verwendeten Begriffe sind durch Fettdruck hervorgehoben.

Lateinisch	Deutsch	Französisch
Aktiv	Tat-/Tätigkeitsform	actif
Adjektiv	Eigenschaftswort	adjectif
Adverb	Umstandswort	adverbe
Adverbiale Bestimmung	Umstandsbestimmung	complément circonstanciel
Adverbialpronomen	Umstandsfürwort	pronom adverbial
Artikel	Geschlechtswort	article
Begleiter des Substantivs	Begleiter des Hauptworts	déterminant du nom
	Bruchzahl	nombre fractionnaire
Dativ	Wem-Fall	datif
Dativobjekt	Ergänzung im Wem-Fall	complément d'objet indirect
Demonstrativbegleiter	hinweisender Begleiter	adjectif démonstratif
Demonstrativpronomen	hinweisendes Fürwort	pronom démonstratif
direktes Objekt	Ergänzung im Wen-Fall	complément d'objet direct
feminin	weiblich	féminin
Futur	Zukunft	**futur**
Genus	**Geschlecht**	genre
Imperativ	Befehlsform	impératif
Imperfekt, Präteritum	unvollendete Vergangenheit	**imparfait**
Indefiniter Begleiter	unbestimmter Begleiter	adjectif indéfini
Indefinites Pronomen	unbestimmtes Fürwort	pronom indéfini
Indikativ	Wirklichkeitsform	indicatif
indirekte Rede	**indirekte Rede**	discours indirect
indirektes Objekt	Ergänzung im Wem-Fall	complément d'objet indirect
Infinitiv	Grundform	infinitif
Interrogativbegleiter	Fragebegleiter	adjectif interrogatif
Interrogativpronomen	Fragewort	pronom interrogatif
Kardinalzahl	**Grundzahl**	nombre cardinal
Komparativ	1. Steigerungsstufe	comparatif
Konditional	Bedingungsform	**conditionnel**
Konditionalsatz	**Bedingungssatz, si-Satz**	proposition conditionnelle
konjugieren	beugen	conjuguer
Konjunktion	Bindewort	conjonction
Konsonant	Mitlaut	consonne
maskulin	männlich	masculin
Modus	Aussageweise	mode

Lateinisch	Deutsch	Französisch
Negation	**Verneinung**	négation
Nominativ	Wer-Fall	nominatif
Numerus	**Zahl**	nombre
Objekt	Ergänzung	complément d'objet
Objektpronomen	Fürwort, das ein Objekt ersetzt	pronom personnel complément
Ordinalzahl	**Ordnungszahl**	ordinal
Partizip Perfekt	Mittelwort der Vergangenheit	participe passé
Passiv	Leideform	passif
Perfekt	vollendete Gegenwart	**passé composé**
Personalpronomen	persönliches Fürwort	pronom personnel
Plural	Mehrzahl	pluriel
Plusquamperfekt	vollendete Vergangenheit	**plus-que-parfait**
Possessivbegleiter	besitzanzeigender Begleiter	adjectif possessif
Possessivpronomen	besitzanzeigendes Fürwort	pronom possessif
Präposition	Verhältniswort	préposition
Präsens	Gegenwart	**présent**
Pronomen	Fürwort	pronom
reflexives Verb	rückbezügliches Zeitwort	verbe pronominal
Reflexivpronomen	rückbezügliches Fürwort	pronom réfléchi
Relativpronomen	bezügliches Fürwort	pronom relatif
–	**Sammelzahl**	nombre collectif
Singular	Einzahl	singulier
Subjekt	Satzgegenstand	sujet
Subjektpronomen	Fürwort als Satzgegenstand	pronom personnel sujet
–	–	**subjonctif**
Substantiv	Hauptwort	nom
Superlativ	2. Steigerungsstufe	superlatif
Tempus	Zeit	temps
Verb	Zeitwort, Tätigkeitswort	verbe
Vokal	Selbstlaut	voyelle

Index

Index

Bildnachweis

Seite 15: 1. fotolia.de/ andreas reimann, 2. fotolia.de/ spuno, 3. fotolia.de/ photo25th, 4. fotolia.de/ April D, 5. istockphoto.com/ Vladimirs Prusakovs, 6. fotolia.de/ leprechaun, 7. fotolia.de/ Birgit Reitz-Hofmann, 8. istockphoto.com/ Olga Kolos, 9. istockphoto.com/ Antonio Nunes

Seite 21: istockphoto.com/ Doug Cannell

Seite 31: fotolia.de/ Canoneer

Seite 38: istockphoto.com/ fabphoto

Seite 47: istockphoto.com/ Sergey Tumanov

Seite 56: istockphoto.com/ Sergey Tumanov

Seite 60: istockphoto.com/ Alija

Seite 63: fotolia.de/ Martine Coquilleau

Seite 71: istockphoto.com/ FRANCO DI MEO

Seite 83: istockphoto.com/ mihaicalin

Seite 92: istockphoto.com/ Phooey

Seite 97: istockphoto.com/ Jacob Hellbach

Seite 100: fotolia.de/ Lianem

Seite 103: fotolia.de/ Ferianda Cakrajaya

Seite 106: fotolia.de/ Tan Kian Khoon

Seite 111: fotolia.de/ Sunny Images

Seite 113: Bananastock RF

Seite 115: fotolia.de/ Rahul Sengupta

Seite 118: fotolia.de/ Matty Symons

Seite 121: istockphoto.com/ Frances Twitty

Seite 128: fotolia.de/ pst

Seite 131: fotolia.de/ Ploum1

Seite 141: istockphoto.com/ Cindy England

Seite 151: istockphoto.com/ Wojciech Kopczynski

Seite 157: fotolia.de/ 1028808

Seite 168: istockphoto.com/ MARIA TOUTOUDAKI

Seite 174: istockphoto.com/ Alex Bramwell

Seite 191: fotolia.de/ Marco Bonan

Seite 196: istockphoto.com/ adrian beesley

Seite 206: istockphoto.com/ Clayton Hansen

Notizen

Notizen

Notizen

Notizen

Notizen

Notizen